AF602852

PRÉCIS HISTORIQUE

DE

LA LÉGISLATION FRANÇAISE

A L'USAGE

DES ÉLÈVES DE LA FACULTÉ DE DROIT DE TURIN,

PAR

ALEXANDRE CERESA DE BONVILLARET

PROFESSEUR DE DROIT CIVIL FRANÇAIS.

TURIN 1811.

AU PALAIS DE L'ACADÉMIE

PAR VINCENT BIANCO.

AVANT-PROPOS.

» De bonnes lois civiles *1 sont le plus grand
» bien que les hommes puissent donner et
» recevoir. Elles sont la source des moeurs,
» le palladium de la propriété, et la garantie
» de la paix publique et particulière. Si elles
» ne fondent pas le gouvernement, elles le
» maintiennent; elles modèrent la puissance,
» et contribuent à la faire respecter, comme
» si elle était la justice même. Elles attei-
» gnent chaque individu, elles se mêlent aux
» principales actions de sa vie, elles le suivent
» partout: elles sont souvent l'unique morale
» du peuple, et toujours elles font partie de
» sa liberté: enfin elles consolent chaque
» citoyen des sacrifices que la loi politique
» lui commande pour la cité, en le protégeant
» quand il faut, dans sa personne et dans
» ses biens ».

Voilà en peu de mots les grands objets de la science du droit civil, qui va fixer nos

*1 *Discours préliminaire du projet du code civil.*

études et nos méditations. Le Code Napoléon, monument éternel de la gloire du nouveau Justinien de la France, étant la base de notre législation, doit conséquemment être notre premier guide, tant sous le rapport des matières qui en forment les élémens essentiels, que sous celui des principes lumineux qui le distinguent. C'est-là que sont déterminées les qualités et les conditions requises pour l'exercice des droits civils, dans toute l'étendue de l'Empire ; que sont indiqués les cas de privation de ce même exercice. C'est-là que sont réglés les événemens qui marquent les trois grandes époques de la vie humaine, la naissance, le mariage et le décès. C'est-là que repose le sort des fortunes des citoyens ; qu'on trouve la règle pour prononcer sur les contestations qui s'élèvent sous le rapport des personnes et des choses. La grande prévoyance, la philosophie légale qu'on y voit briller, sont un éloge impérissable de la sagesse et des lumières des illustres auteurs d'un si grand ouvrage.

Mais si connaître les lois et les observer est un devoir général et commun à toutes les classes de la société, il est particulièrement du devoir de ceux qui demeurent chargés en quelque façon de les faire exécuter, d'en approfondir bien plus soigneusement que les autres la connaissance, pour en saisir l'esprit et pour s'en pénétrer ; car le magistrat, le juge, le conseil, ou le défenseur sont autant d'organes, qui influent, par des voies plus ou moins directes, sur l'obéissance et la soumission dues aux lois; en un mot, comme c'est par leur intermédiaire que la loi fait entendre sa voix aux personnes de toutes conditions, elle serait trahie par ses agens mêmes, s'ils s'avisaient de s'en rendre les ministres, sans même la connaître. Cela est si vrai que toutes les nations policées ont toujours pratiqué d'élever à côté du sanctuaire des lois une classe de personnes destinées à étudier la jurisprudence, à méditer les lois, pour fournir à l'état une pépinière de juges et de jurisconsultes; de juges, pour prononcer sur les différens qu'entraînent nécessairement le commerce et la multiplicité des rapports de la vie sociale; de jurisconsultes, pour exercer tantôt les fonctions de conseil, et étouffer le germe des querelles avant leur naissance, tantôt celles de défenseurs pour faire triompher la justice et le bon droit des parties, lorsque le différent ne peut être vidé que par la voie judiciaire. Cette classe distinguée est regardée comme la dépositaire des maximes de la jurisprudence, qui s'épurent journellement par le choc des opinions dans les débats judiciaires, et que les décisions fixent enfin et sanctionnent. En effet, le jurisconsulte a été constamment le ministre du législateur, le vrai supplément de la législation, le défenseur de l'équité et de l'innocence, l'ange tutélaire de la veuve et de l'orphelin, l'organe fidèle de la loi, le précurseur de la justice, et le canal sûr qui conduit la vérité aux oreilles des magistrats.

Une tâche si honorable exige des devoirs à remplir, une étude bien approfondie pour acquérir la théorie de toutes les lois, une longue pratique, et surtout une probité et une candeur à toute épreuve, qualités principales que doivent réunir ceux qui y aspirent. Vous voilà donc, Messieurs, séparés par votre choix, de la masse de vos concitoyens, à qui la simple notion de l'existence des lois peut suffire, n'ayant d'autres devoirs que celui d'obéir et de s'y soumettre.

Le Gouvernement, zélé pour l'instruction publique, a les yeux fixés sur vous; il sait que vous vous êtes destinés à approfondir par vos études la science du droit; qu'un jour vous tiendrez sous votre garde l'honneur, la vie et la fortune des citoyens, le repos des familles, et même la cause publique: *in advocatorum tutela non privatorum dumtaxat, sed et reipublicae salus continetur*; il s'attend à vous voir un jour, par la culture de vos talens, par la sagesse de vos conseils, et par la justesse de votre discernement, répandre à votre tour des lumières sur toutes les autres classes du peuple, et diriger habilement les affaires les plus difficiles et les plus délicates, qui peuvent intéresser le corps politique, soit dans son ensemble, soit dans ses parties.

Vous êtes appelés à prononcer et à consulter sur l'application des lois, à soutenir les droits et les interêts de ceux que le Gouvernement fera un jour vos justiciables, ou que la confiance abandonnera à vos soins. Si vous ne connaissez parfaitement la loi dans son vrai sens, dans son esprit, quel tort ne ferez-vous pas à la sainteté de vos fonctions?

La science du droit est sans contredit pénible à acquérir; et comme c'est à l'esprit d'analyse qu'on doit, dans toutes les sciences, les progrès qu'on peut y faire, nous nous efforcerons soigneusement d'apporter cet esprit dans l'étude d'une science qui présente à-la-fois l'ensemble des lois positives, et une chaîne de vérités et de principes, dont les anneaux multipliés tiennent les uns aux autres. Il est vrai que nos méditations ont pour objet une législation nouvelle, que l'expérience n'a pas encore tout-à-fait identifiée avec les affaires; mais il est vrai aussi que les principes fondamentaux sont réunis en un seul corps de doctrine, et en forme de systême, de façon que sa connaissance ne peut échapper à une étude suivie avec courage et ardeur, surtout aujourd'hui que nous jouissons de l'avantage inappréciable et inconnu jusqu'à présent d'un code uniforme et unique, que le Génie de la France a fait puiser dans toutes les législations anciennes, dont la multitude et la diversité embarrassaient et fatiguaient nos dévanciers.

Telle est, jeunes élèves, la carrière qui s'ouvre devant vous: puisse ce que je viens de dire, vous donner une juste idée de ce que vous devez y trouver de satisfaisant pour votre raison, à l'époque où commence de s'opérer en vous le développement de cette éminente faculté. Livrez-vous sans réserve à cette importante étude, et tâchez de vous y rendre si habiles que vous puissiez, après l'avoir achevée, espérer d'être un jour utiles au Gouvernement, dans les charges qui vous seront confiées.

Comme dans cette première année de votre cours, l'enseignement ne porte que sur les élémens du Code Napoléon, précédés d'un précis historique du droit français, nous n'entrerons point dans de très-grands détails; mais les notions que nous donnerons, quoique élémentaires et succintes, ne présenteront pas moins les points les plus importans de l'entière législation; ainsi la précision ne nuira point à l'exactitude et à la clarté.

PRÉCIS HISTORIQUE DU DROIT FRANÇAIS

JUSQU'A LA PROMULGATION DU CODE NAPOLÉON.

L'histoire de la législation est nécessairement liée à l'histoire politique de chaque peuple : car, en général, les lois tiennent toujours à la position de chaque pays, au caractère de la nation, et plus encore à la forme du gouvernement ; et sous ce rapport les lois et usages de la France méritent plus particulièrement d'être examinés par ceux qui s'adonnent à la jurisprudence dans toute l'étendue de ce vaste Empire.

C'est une vérité bien connue que les lois n'ont été faites que successivement selon les besoins et les circonstances ; le code même de Justinien nous en donne la preuve la plus complète. Une loi naît ordinairement d'un abus qui se manifeste, et qu'il importe à la société de réprimer. Les codes des nations se développent et s'étendent à mesure qu'on sent davantage le besoin de faire des lois, soit pour corriger les moeurs, soit en proportion des progrès de la civilisation, qui multiplient les rapports entre les individus, et qui tiennent nécessairement à l'histoire de chaque nation.

Sous ce point de vue il ne nous paraît pas moins nécessaire de connaître les lois particulières du Piémont, notre pays natal, parceque nous les verrons aussi figurer dans l'ancienne législation, tout comme les lois des autres états et provinces de l'ancienne France; et qu'on peut y avoir recours dans le cas de silence du Code Napoléon.

En effet, l'article dernier de la loi du 30 ventôse an XII (21 mars 1804), qui sert de clôture à ce Code, ordonne « qu'à compter du » jour de sa promulgation, les lois Romaines, » les ordonnances, les coutumes générales ou » locales, les statuts, les réglemens cesseront » d'avoir force de loi générale ou particulière » dans les matières qui sont l'objet des lois » composant le Code ». Il est donc dans l'esprit du législateur, qne les lois anciennes de la France, ainsi que celles des pays réunis, soient toujours en vigueur, toutes les fois que se présenteront des questions sur des matières dont le Code ne s'est point occupé.

De-là il suit que la connaissance des lois anciennes qui régissaient la France et les pays réunis, n'est pas seulement utile dans la spéculation, pour remarquer les points de variation apportés par la loi nouvelle, et les considérations qui les ont motivés; mais qu'elle est, dans la pratique, d'une nécessité absolue, puisque ces lois peuvent suppléer au silence de la loi nouvelle dans les cas qui n'y sont pas prévus.

Pour parvenir au but que nous nous proposons, ce précis sera divisé en trois sections qui répondent aux différentes époques les plus marquantes de l'histoire politique de la France et du Piémont.

La première aura pour objet la législation qui régissait la France jusqu'à l'époque de la révolution.

Dans la seconde on fera remarquer les lois promulguées en France pendant la révolution, jusqu'à la promulgation du nouveau Code; ce qui forme une espèce de droit intermédiaire.

Dans la troisième nous donnerons le précis de la législation du Piémont, avant et après sa réunion à la France, jusqu'à la même époque de la promulgation du Code Napoléon.

Enfin, comme la première chose dans l'étude d'un code est d'en bien connaître le plan, de saisir l'ordre et la disposition méthodique des matières qui en font l'objet, nous donnerons au préalable une analyse qui fera mieux apprécier l'ordonnance des parties entr'elles, leurs liaisons et leurs rapports, et qui, sous le titre de *notions préliminaires*, présentera le plan général de l'actuelle législation qui forme le droit commun de la France, et servira même comme d'introduction aux élémens du Code Napoléon.

SECTION I.re

De l'ancienne législation de la France.

L'ancienne Gaule a été une des plus célèbres régions de l'Europe : cette région n'était pas une monarchie particulière; elle était possédée par un grand nombre de peuples indépendans les uns des autres. Elle renfermait, outre le royaume de France, tel qu'il était sous les Rois de la dernière race, la Savoie, une partie de la Suisse et du Piémont, et toutes les parties de l'Allemagne et des Pays-Bas qui sont au couchant du Rhin.

A la mort de César toute la Gaule était Romaine, et consistait en quatre parties principales, c'est-à-dire la Gaule Narbonnaise, la Gaule Aquitanique, la Gaule Celtique, qui par suite fut nommée la Lyonnaise, et enfin la Gaule Belgique.

Nous voyons dans les commentaires de Jules-César, que les conquêtes des anciens Gaulois, notamment dans une partie de l'Italie, portèrent aussi le nom de Gaules. De-là la distinction entre la Gaule Cisalpine et la Transalpine.

Quoiqu'on n'ait point de renseignemens ni sur la forme du gouvernement des Gaules, ni sur leurs lois civiles avant la conquête qu'en firent les Romains, néanmoins l'histoire même de leurs guerres nous donne des preuves irréfragables d'une grande puissance, inséparable d'une grande population, du courage militaire, et même d'une organisation politique.

La description des moeurs des anciens Gaulois, que nous avons dans le sixième livre des commentaires de César, nous instruit que toute la nation était divisée en trois classes, savoir les Druides ou prêtres, la noblesse et le peuple.

Les Druides, exempts du service militaire, dispensés de contribuer aux charges de l'état, comblés d'immunités et de privilèges, réunissaient le sacerdoce et la magistrature: chargés de l'instruction publique, ils connaissaient aussi de toutes les causes civiles et criminelles, et leurs jugemens s'exécutaient sous peine d'excommunication, c'est-à-dire que les réfractaires, interdits de la participation des mystères, devenaient des impies, des scélérats, exclus de la société.

Le second ordre comprenait la noblesse, dont le principal exercice était celui des armes.

Enfin la troisième classe, c'est-à-dire le peuple, était comme esclave, sans aucune considération ni autorité dans l'état.

Sans entrer dans de plus longs détails sur les moeurs des anciens Gaulois, on peut, sous l'autorité de Jules-César, reconnaître le germe des principaux points qui caractérisent le droit coutumier, tels, par exemple, que la *com-*

munauté des biens entre conjoints, la *main morte*, l'axiôme *le mort saisit le vif*, le *retrait lignager* et le *douaire*, matières sur lesquelles le droit Romain n'avait aucune disposition ni générale, ni particulière. Il y avait même (poursuit cet auteur) des lois qui défendaient expressément de s'entretenir des affaires de l'état, et d'en parler ailleurs que dans le conseil; chacun était obligé de rendre compte aux magistrats de ce qu'il avait appris concernant le public, sans le communiquer à d'autres. Quelle preuve plus forte d'une société bien organisée!

Les Francs ou Français, nation Germanique, sur l'origine desquels on ne peut former que des conjectures, de l'aveu même des historiens les plus célèbres, après avoir inutilement tenté la conquête des Gaules, vers l'an 276 de l'ère vulgaire, revinrent vers l'an 420 sous la conduite de Clodion fils de Pharamond leur roi, et ayant pénétré dans la partie la plus septentrionale, entrèrent bien avant dans la Gaule, où ils prirent Tournai, Cambrai, avec tous les pays voisins de la Somme. Ils y posèrent les fondemens d'un empire puissant, agrandi ensuite et affermi par de nouvelles conquêtes.

En partant de cette époque, on distingue trois dynasties qui régnèrent successivement en France, savoir la première des Mérovingiens, ainsi dite de Mérovée, qui régna jusqu'à Chilpéric, déposé par la nation en 750.

La seconde, des Rois Carlovingiens, qui prirent leur nom de l'Empereur Charlemagne, Roi de France, fils de Pépin, élu Roi par suite de la déposition de Chilpéric. Cette dynastie cessa à la mort de Louis V, c'est-à-dire en l'an 987.

La troisième dynastie est connue sous le nom des Rois Capétiens, ainsi nommés d'Hugues Capet, Duc de France, et Comte de Paris, élu Roi en 987 par les seigneurs et les grands du royaume. Cette dynastie qui régna l'espace de 806 ans, eut son terme par la mort de Louis XVI, en l'année 1793.

Quant à la première dynastie, il est à remarquer que, dès le berceau de la monarchie, chaque province conserva ses lois particulières dans le sein d'un même état : l'article 4 de l'ordonnance de Clotaire II, qui régna dès l'an 584 jusqu'à 628, porte en termes exprès: *inter Romanos* (tels étaient considérés les Gaulois déjà soumis à la domination de Rome, et conquis par les Français) *negotia causarum Romanis legibus praecipimus terminari.* Par loi Romaine, il faut ici entendre le code Théodosien, publié en 435 par l'Empereur de ce nom, puisque le recueil des lois Romaines connu sous le nom de code de Justinien, publié par cet Empereur en 541, ne fut reçu à l'université de Paris comme source du droit écrit, qu'en l'année 1291; quoique, même avant cette époque, les lois Romaines, aussitôt qu'elles recommencèrent à fleurir, se soient établies en France comme dans leur sol natal; et qu'adoptées par un consentement unanime, confirmé par l'autorité des Rois, elles aient été observées, dans presque la moitié du royaume, comme statuts. La différence entre ces deux codes n'est pas beaucoup essentielle en ce qui concerne les affaires civiles et les intérêts privés, de façon qu'on peut bien dire que ce fut toujours l'esprit et l'équité des lois Romaines qui formèrent la base de la jurisprudence civile: le droit Romain, source inépuisable de principes, de règles et de richesses pour les législateurs, pour les juges et pour les jurisconsultes, supplément aux autres codes, toujours respectable par la profondeur de ses décisions, obtint et obtiendra à perpétuité cette vénération que le tems imprime aux ouvrages des hommes.

Les Romains avaient emprunté des Grecs les premiers élémens de leur législation, comme ces derniers les avaient eux-mêmes empruntés des Egyptiens: les lois de Minos dans la Crète, de Licurgue à Sparte, de Zoroastre en Perse, de Dracon, de Socrate, de Solon dans la Grèce, et de plusieurs autres anciens Législateurs, s'y trouvent refondues et reparaissent encore sous une diverse empreinte: les lois Romaines offrent donc une espèce de tradition constante et non interrompue de tout ce que les hommes les plus éclairés de tous les pays ont pensé et produit en matière de législation *1.

Non seulement les anciens Gaulois, mais encore les autres peuples soumis ensuite à la domination française, jouirent également de ce droit, et conservèrent leurs lois propres; et même plusieurs d'entr'eux, plus jaloux de cette prérogative, avaient stipulé expressément par des traités la conservation de leurs lois et franchises. De-là toutes ces lois anciennes, connues sous le nom de lois *antiques*, loi *gombète*, lois *gothiques*, et autres.

Parmi ces lois on distinguait encore particulièrement les lois *saliques*, et les lois *ripuaires*. La loi salique régissait les Francs qui habitaient entre la Loire et la Meuse: les

---

1* *Les commentaires de notre très-savant Collègue*, M. Jacques Reineri, Professeur de droit Romain, *ayant pour titre*: Commentarii Institutionum Justiniani, et Juris Romani comparate ad Codicem Napoleonis I, *imprimés à Turin en* 1809, *nous dispensent de faire remarquer ici l'union qui règne sous plusieurs rapports entre les lois Romaines et celles du Code Napoléon; l'étude bien approfondie de ces commentaires facilitera beaucoup celle de la nouvelle législation.*

différens auteurs qui en parlent, tout en convenant que cette loi avait pour but de régler les successions au profit des *agnats*, ne s'accordent point sur son origine que la plupart attribuent aux premiers Rois des Francs; il paraît qu'elle fut ensuite adoptée par plusieurs autres peuples, et même dans la Gaule Cisalpine, car plusieurs monumens de l'histoire du Piémont attestent l'usage d'y professer cette loi. On trouve très-souvent, dans des actes des siècles XI et XII, cette expression: *qui professus sum lege vivere salica.*

Dans la suite on distingua la France entière, par rapport à la législation, entre les pays de droit écrit et les pays coutumiers; on nommait pays de droit écrit ceux où le droit Romain était observé comme loi générale en toute matière qui n'était point prévue par les ordonnances, les édits du Roi, et autres concernant le gouvernement général, et on suivait ce droit, notamment par rapport aux successions, contrats, tutelles, dots et autres affaires qui ne concernaient que l'intérêt privé des citoyens.

On appelait, par contre, pays coutumiers, tous ceux qui, dans ces mêmes matières, étaient régis par des usages et coutumes particuliers à chaque province ou pays, quoique la plus grande partie de ces coutumes ait été rédigée en une espèce de code, par ordre de Charles VII et ses successeurs.

On comptait plus de trois cents de ces usages et coutumes à l'époque de la révolution.

Outre ces différentes lois destinées à régler la chose publique et les intérêts privés, on pourvoyait aussi, dès les premiers tems de la monarchie, aux affaires qui survenaient, par des assemblées particulières composées des principaux seigneurs et des *Leudes*, qui étaient à-la-fois les compagnons et les conseillers du Prince.

Les principaux seigneurs étaient possesseurs de grands fiefs ou seigneuries, dont l'origine doit nécessairement remonter avant les lois de Clotaire II, qui organisa le mode d'y exercer la jurisdiction civile et criminelle; dans la suite la puissance féodale a été établie en système; les derniers Rois Mérovingiens en conférant des bénéfices, savoir de grandes possessions et des terres à leurs favoris, leur attribuèrent aussi le droit de justice, avec défense aux juges publics d'exercer aucun acte de jurisdiction dans les terres des seigneurs : les choses ont été portées à un tel excès, dans la suite, qu'on a posé en principe : *nulle terre sans seigneur.*

Il paraît même que ces bénéfices et seigneuries étaient déjà héréditaires au commencement de la seconde dynastie, et qu'au surplus les seigneurs exerçaient la justice même en dernier ressort.

De ce système il résulta en France la distinction entre les biens féodaux tenus du Roi ou autre seigneur à foi et hommage, et les biens allodiaux, savoir de propriété privée. Ces biens se distinguaient encore en propres et en acquêts; on appelait propres ceux que l'on tenait par successions aux ascendans: on ne pouvait guère en disposer, et les femmes en étaient exclues par différentes coutumes; par contre les acquêts étaient les biens provenans de toute sorte d'acquisition, et desquels on avait la libre dispositions.

Nous laissons aux amateurs de l'histoire de rechercher comment les successeurs de Mérovée étendirent leur autorité; comment les maires du palais parvinrent à s'emparer de la puissance royale, et comment la conduite et les intérêts des différens ordres de l'état amenèrent, sous la première dynastie, l'institution de la noblesse, des seigneuries, et enfin du systême féodal. On pourra, dans ces recherches, s'aider des observations sur l'histoire de France, publiées par Mably.

Quant à la seconde dynastie, l'histoire nous apprend aussi comment la politique de Pépin et de Charlemagne changea essentiellement la forme du gouvernement. Pépin se fit une règle de convoquer tous les ans une assemblée composée des évêques, des abbés, et de la noblesse pour conférer sur la situation et les besoins de l'état. Après lui Charlemagne, en respectant les lois, les coutumes des peuples, et même quelques préjugés de son siècle, apprît aux

Français à obéir aux lois en les rendant eux-mêmes leurs propres législateurs. Ses ordonnances et celles qui nous restent des Rois de la seconde race, sont qualifiées de capitulaires, parce qu'elles étaient divisées en chapitres, qui par la suite ont été réunis sous le titre de *Capitularia Regum, et episcoporum, omniumque nobilium Francorum.*

Les capitulaires de Charlemagne commencés en 768, première année de son règne, concernent principalement la discipline ecclésiastique, les juges, les impôts et la sûreté publique: plusieurs d'entr'eux sont tirés des anciennes lois Romaines, *saliques* et *gombêtes*, auxquelles il fit ensuite, pendant son règne, plusieurs additions. Cependant ce recueil, en général bien précieux en lui-même, contient plutôt des principes de droit public et politique, que des règles pour les affaires purement civiles, qu'il fallait puiser dans d'autres sources, comme nous l'avons remarqué.

Charlemagne instruit par l'expérience que les assemblées générales d'une grande nation qui possède plusieurs provinces, sont peu propres à pourvoir aux vrais besoins de l'état, partagea les pays soumis à sa domination en différens districts ou légations administrées par des officiers qu'on nomma *envoyés royaux*, (*missi dominici*); ils présidaient aux assemblées particulières de chaque province, et étaient chargés de faire au Roi le rapport des affaires qu'on y traitait.

Ce serait une tâche trop pénible que de faire connaître tous les détails de son gouvernement. Il nous suffira d'observer que ses talens militaires et politiques, et ses vertus lui ont mérité à juste titre la Couronne Impériale qui lui fut décernée à Rome par acclamation l'an 800 de l'ère vulgaire. Charlemagne était sévère en ce qui concernait l'administration de la justice ; il s'honora lui même autant de la qualité de premier juge en rendant en personne justice dans son palais, que de celle de général des armées ; en civilisant la nation par l'instruction publique et par l'établissement des écoles, et même d'une académie, il ne la rendit pas moins guerrière par son génie et par ses ordonnances militaires : tout citoyen était soldat, et lorsqu'un canton était commandé pour la guerre, il devait marcher à ses dépens sous les ordres de son comte ou seigneur : pour prévenir tout inconvénient sur la conscription militaire, il fit régler par les assemblées tous les cas d'exceptions et de dispenses de service, ainsi que le nombre des soldats à fournir par chaque canton, en proportion du nombre et de la fortune des citoyens, Telles sont à-peu-près les lois que nous avons à présent sur cette matière, et qui ne diffèrent presqu'en rien des lois Romaines comme on peut le voir dans les titres *de re militari* *1.

---

*1 *Liv.* 49 *tit.* XIV *du dig.*, *liv.* 12 *tit.* 36 *du code Justinien.*

Par ces moyens et par son génie Charlemagne soumit une partie de l'Espagne, toute l'Italie, la plus grande partie de la Germanie, savoir ces vastes contrées qui s'étendent jusqu'à la Vistule et à la mer Baltique; et la gloire du nom Français passa jusqu'en Afrique et en Asie: mais cet édifice, quoique solide tant que vécut son fondateur, n'a pas moins dû s'écrouler, faute d'un successeur capable d'en soutenir le poids, et d'achever les opérations qui avaient été tracées: le partage que Charlemagne fit de ses états entre ses trois fils, la faiblesse et l'imbécillité de ses descendans, les divisions domestiques, les guerres intestines des seigneurs, en bouleversant l'ordre public, ont été les causes principales de l'anéantissement de cette dynastie, causes qui auraient aussi entraîné la ruine de la nation, si des mains plus habiles n'eussent pris les rênes du gouvernement. Ce fut dans cet espace de tems que, sur les ruines de l'autorité royale, et du sein des secousses politiques, s'éleva l'anarchie féodale: la volonté arbitraire des seigneurs devint la loi des sujets, et deux siècles sont à peine écoulés que le sceptre de cette dynastie est brisé lors du décès de Louis V surnommé le *fainéant*, arrivé en 987, et qui donna lieu à l'élévation d'Hugues Capet chef de la troisième dynastie.

Quelle qu'ait été l'habileté de ce Prince qui sut profiter des circonstances pour se préparer le chemin au trône, on ne connaît guère de lois émanées de lui, bien peu de ses descendans jusqu'à Saint Louis, IX du nom, qui succéda au trône en 1226, et qui fit régner la justice. Ses établissemens, qui contiennent une espèce de constitution, rappellent plusieurs des lois anciennes, et portent un nouveau coup à la barbarie des moeurs et de la jurisprudence; et c'est dans le principe de son gouvernement que l'on trouve le germe et les bases d'une législation dont les progrès, quoiqu'infiniment lents, ont préparé les matériaux pour des lois plus régulières, et pour une reforme presque générale.

L'on peut ici remarquer avec M. Merlin dans son répertoire, qu'en général on peut considérer la législation de la France dans trois différens états, savoir : le premier qui fut de former la loi dans les assemblées de la nation (appelées *champ de mars*, et ensuite de *mai*) de l'avis et avec le consentement des délibérans.

Le second état fut de former et délibérer la loi dans l'intérieur du parlement où le Roi se rendait, ou autre de par lui : ce parlement fut composé d'abord des barons, des prélats, des grands présidens appelés *magni praesidentiales nostri*, et des maîtres du parlement.

Le troisième état de la législation française consistait en ce que le Roi adressait à son parlement les lois sur lesquelles celui-ci, après une délibération appelée vérification, prononçait ou l'enregistrement pur et simple, ou des modifications, où il arrêtait des remontrances. Cet état de législation ne fut iutroduit que peu-à-peu, et les publicistes ne sont pas même d'accord sur l'époque à laquelle il commença. Il est à croire que la nécessité, et même l'utilité de pourvoir aux affaires urgentes suggéra ce moyen plus sage de préparer les lois pour les soumettre ensuite à la délibération dans les conseils et parlemens.

Le systême féodal, étant adopté dans toute l'étendue de la France, exigeait aussi des lois tout-à-fait particulières à ce systême. On distinguait même dans la personne du Roi la double qualité de souverain du royaume, et de seigneur particulier de telle ou telle autre province ou domaine: on tenait des assemblées, des cours de justice, des assises, où se portaient les affaires de chaque province. Les assemblées qu'on vient de nommer, et dont l'usage était tiré des anciens Germains, ainsi que nous le dit Tacite, *de moribus Germanorum*, prirent aussi différentes formes, selon les différens gouvernemens; celles qui eurent lieu après l'établissement du régime féodal, ne tenaient en général qu'à la volonté du feudataire, soit pour fixer l'époque de leur convocation, soit pour les délibérations.

Les assemblées sous Charlemagne lui étaient subordonnées: lui seul avait et exerçait le droit de les convoquer et de les dissoudre: c'est lui qui sut les combiner avec le gouvernement d'un empire immense, dont le chef était toujours leur arbitre suprême. Ces assemblées n'étaient composées que des évêques, des grands vassaux de la couronne et des magistrats que l'on choisissait ordinairement dans l'ordre de la noblesse : c'est dans ce corps présidé par le Roi que résidait sous les deux premières races le pouvoir législatif. (Merlin dans son répertoire sous le mot *loi* §. 1).

Ce fut pour la première fois, sous le Roi Philippe-le-Bel, que le peuple, déjà affranchi et admis à posséder des biens en propriété, figura aussi dans l'assemblée générale convoquée en l'an 1301, et composée des trois états ou ordres, savoir du clergé, de la noblesse, et du peuple, nommé ensuite le tiers état.

Mais, dès que par la faiblesse des successeurs au trône les assemblées se furent arrogé l'autorité de dicter la loi, on reconnut bien vîte le risque qu'il y avait à les convoquer : en effet toute assemblée trop nombreuse, et sans aucun frein dans son opinion, est toujours peuple en ce que la réunion de tant de personnes, même les plus distinguées et les plus éclairées, ne peut à moins que réunir aussi les passions de tant d'individus ayant à l'ordinaire des intérêts opposés et des vues différentes; de façon qu'elles ne présentent le plus souvent que des ames jalouses, des esprits ambitieux, des hommes exaltés, qui quelquefois dans les affaires se portent aux extrêmes; de jeunes effervescens, qui faute d'expérience se laissent séduire, même par le desir du plus grand bien: nous avons des témoignages assez récents de cette vérité pour nous dispenser d'en donner la preuve. Pour parer à ces inconvéniens les Rois jugèrent plus à propos, dans la suite, de créer un conseil particulier et permanent, qui régla journellement, sous l'autorité royale, tout ce qui tenait à la police de l'Empire.

Le Roi, chef de l' état, était aussi l'administrateur suprême des affaires; chef de la justice, il devait connaître souvent des affaires contentieuses qui venaient jusqu'à lui; chef suprême de l'état et de la justice, et aidé de l'avis de son couseil, il dictait la loi et les arrêts, et ce fut de l'intervention et de l'influence de ce conseil particulier, que prirent leur origine les parlemens, dont l'autorité, et les attributions augmentèrent depuis au point de former un espèce de censure, et de balance à l'autorité royale; cause principale de leur réforme par Louis XV, en vertu des patentes du 23 janvier 1771, et de l'édit du Roi, en date du 11 novembre, même année, qui, en rétablissant cette ancienne magistrature, en limita aussi les attributions, lesquelles n'ont cessé qu'à l'époque de la révolution survenue en 1789.

Philippe-le-Bel fut aussi le premier qui rendit le parlement sédentaire à Paris, et qui l'érigea en premier tribunal pour connaître, en dernier ressort, des contestations entre particuliers : cette institution s'étendit en suite à plusieurs autres provinces à proportion de l'affranchissement des villes, et de la suppression des grands fiefs.

A cette institution succéda celle des tribunaux présidiaux créés par l'édit d'Henri II en 1551, autorisés à prononcer, même en dernier ressort, dans les affaires de moindre importance. D'autres jurisdictions spéciales furent encore créées pour prononcer en matière de commerce, sur les droits du fisc, sur les affaires du domaine, sur celles des eaux et forêts, et autres, qui ont été conservées jusqu'à la révolution. Aussi la législation prit-elle une marche plus assurée et plus régulière ; le droit de monnaie rentra dans la main du Roi, et l'habitant que le recours de la justice rapprochait de l'autorité royale, s'y trouva encore plus rapproché, par la création de la milice permanente, par François I, et par le service militaire qui, autrefois, était à la disposition des seigneurs médiats, et par une conséquence nécessaire non seulement ont été abolies presque toutes les servitudes corporelles, mais de plus le droit féodal a été peu-à-peu dépouillé de tout ce qu'il y avait d'anti-monarchique.

Il nous paraît inutile de donner ici connaissance des états généraux qui ont été convoqués pendant la derniere dynastie, nous remarquerons néanmoins quelques circonstances particulières de ces assemblées.

Les premières n'avaient d'autre objet que de régler les intérêts de l'état par rapport aux impositions extraordinaires : tel fut l'objet des états généraux convoqués en 1313, 1338, 1339, dont le résultat fut, qu'on ne pourrait, même dans les cas de nécessité ou d'utilité évidente, imposer, ni lever des tailles en France sans l'avis, et le consentement des trois états.

Cette disposition qui avait pour but d'empêcher les abus des grands seigneurs, qui sous différens pretextes accablaient le peuple, finit par tourner à l'avantage de ceux-ci, attendu la grande facilité qu'ils avaient de mettre en avant des cas de nécessité, ou d'utilité publique, qui bien souvent n'existaient que dans l'intérêt des seigneurs ; mais l'indécence avec laquelle se conduisirent ensuite les états généraux, en s'arrogeant le droit de discuter les affaires du gouvernement, et de l'administration publique, fut l'écueil où se brisa la puissance qu'ils avaient acquise, et qui la réduisit au simple droit de remontrances. Ce fut sur ces remontrances, et sur les plaintes des trois états qu'émanèrent ensuite les ordonnances des Rois, dont on a plusieurs recueils, et notamment celui de l'an 1721 en deux volumes in-fol. par Néron, le plus complet jusqu'à cette époque ; on a aussi le recueil des ordonnances du Louvre qui contient un relevé exact de toutes les ordonnances et lettres royaux enregistrées au parlement de Paris, et autres.

Le nom d'ordonnance dans sa plus grande étendue embrassait aussi les édits, les déclarations, et lettres émanées du Roi; mais les ordonnances, dans leur signification propre, n'étaient que des constitutions portant des ordres ou des défenses sur des objets généraux plus étendus et d'une plus grande importance, et sur les remontrances des magistrats, ou des assemblées générales, ou particulières. Elles regardaient le plus souvent la religion, l'administration de la justice, les devoirs des magistrats, la police, les droits du Roi et du trésor public, la création des officiers et la procédure *1.

Les édits étaient des constitutions par lesquelles le Roi ordonnait ou défendait quelque chose de son propre mouvement.

Les déclarations étaient aussi une espèce de

---

*1 *La première loi qui ait été appelée* ordonnance *en français, est celle de Philippe-le-Bel faite au parlement de la Pentecôte en 1227 touchant les bourgeois; elle commence par ces mots*: c'est l'ordonnance faite par la cour de notre seigneur le Roi et de son commandement.

Depuis ce tems (dit M. Merlin dans son répertoire sous le mot ordonnance) *le terme* d'ordonnance *devint commun, et a été enfin consacré pour exprimer en général toute loi faite par le Prince.*

constitution pour interpréter ou modifier les dispositions des ordonnances ou édits antérieurs.

Enfin les lettres royales ou *royaux* étaient des dispositions particulières émanées à la supplication de quelque individu, comme, par exemple, les lettres de grâce, d'affranchissement, d'amortissement, de révision, et autres.

Les ordonnances, édits et déclarations étaient de vraies lois pour le royaume, et faisaient partie du droit commun Français, tout comme sont à présent les décrets impériaux qui les remplacent sous tous les rapports. Tous les magistrats et juges, même ecclésiastiques, enfin tous les sujets du Roi étaient obligés de se conformer exactement aux dites ordonnances et déclarations, après qu'elles étaient enregistrées au parlement et autres cours souveraines.

Parmi ces ordonnances les plus célèbres sont celles d'Orléans en 1560, de Rossillon en 1564, de Moulins en 1566, portant réglement pour les ecclésiastiques, pour la noblesse, pour les universités, pour l'administration et les cours de justice, pour les impositions, affaires de police, et pour d'autres matières; nous remarquerons seulement que l'article 59 de l'ordonnance d'Orléans, et 57 de Moulins, pour corriger les abus des substitutions fidéicommissaires, a restreint, pour l'avenir, à deux degrés la faculté de substituer, non comprise l'institution, et restreint, à quatre degrés les substitutions antérieures, ce qui cependant n'empêcha point que, dans les provinces réunies par la suite à l'Empire, telles que la Bresse, le Bugey, le pays de Gex et Valromey, et même dans la Franche-Comtée et autres, les substitutions n'aient été admises jusqu'à l'infini; de façon que nous voyons dans l'édit du mois d'août 1747 §. 32, inséré dans le code des lois de Louis XV, que tout en confirmant la disposition desdites ordonnances il a été expressément déclaré comme suit: » Nous n'entendons rien innover quant à présent » à l'égard des provinces où les substitutions » n'ont pas encore été restreintes à un certain » nombre de degrés; nous nous réservons de » pourvoir dans la suite, sur le compte qui » nous en sera rendu, et ainsi que nous le ju» geons convenable pour le bien et avantage » de nos sujets et des dites provinces *1.

Sous Louis XIV, qui régna depuis l'an 1643 jusqu'à l'an 1715, il y eut un grand nombre d'ordonnances, dont voici les principales: l'ordonnance du mois d'avril 1667, appelée le code civil, très-souvent cité dans notre code judiciaire: cette ordonnance contient un réglement général pour la procédure en matière civile, et l'établissement d'un style uniforme dans toutes les cours et dans tous les sièges et tribunaux du royaume.

---

*1 *On peut à cet égard consulter les auteurs, et notamment M. Brétonnier, dans ses questions de droit sous le mot* substitution.

La seconde ordonnance est celle de 1669, portant réglement sur les eaux et forêts, sur la chasse et la pêche.

La troisième, émanée au mois d'août 1670, appelée aussi le code criminel, parce qu'elle porte une instruction sur la procédure criminelle, et la compétence des juges dans ces sortes de matières.

Les principales ordonnances publiées sous le règne de Louis XV, sont premièrement celle du mois d'août 1729, concernant la succession des mères à leurs enfans; celle du mois de février 1731, sur les donations; celle du mois d'août même année relative aux testamens; enfin l'ordonnance du mois de juillet 1737, qui concerne les faux principaux, les faux incidens et la reconnaissance des écritures et signatures en matière criminelle.

Pour rédiger ces ordonnances, Louis XV fit assembler les magistrats les plus éclairés de son conseil et du parlement, dont les délibérations discutées en plusieurs séances furent encore soumises à un examen rigoureux; aussi la plupart des dispositions qu'elles renfermaient ont-elles été adoptées dans la nouvelle législation, ce qui prouve la nécessité d'y avoir recours pour résoudre les doutes qui s'éleveraient sur l'application de la nouvelle loi.

Pour donner enfin une juste idée de cette ancienne législation, et des souverains à qui la France doit sa prospérité, nous ne pouvons nous dispenser d'une remarque bien importante tirée de la bouche même de ses ennemis, c'est-à-dire de la pétition du conseil de la république de Hollande aux états généraux du 18 novembre 1711, pour avoir les subsides nécessaires à la poursuite de la guerre : « La puissance » de la France (y est-il dit) est si grande par » la constitution de ce royaume, sa vaste éten» due, ses états bien peuplés, ses frontières, » le génie de sa nation, la forme de son gou» vernement, qu'il y a tout à craindre etc. ». On ne peut rien ajouter à ce passage, si ce n'est de considérer quel sera encore le résultat du parallèle qu'on peut faire de cet ancien état de l'empire avec le présent, parvenu, par l'immortel génie de son Empereur, et par ses lois civiles, militaires et politiques, au faîte de la grandeur, de la gloire et de la puissance.

SECTION II.

Des lois promulguées en France pendant la révolution, jusqu'à la promulgation du code Napoléon.

Chaque province avait, comme nous l'avons remarqué, ses coutumes et ses lois particulières: mais en outre, des exceptions et des privilèges distinguaient les citoyens d'une même province et d'une même ville, de manière que les habitans, quoique d'un même pays, étaient étrangers les uns aux autres, et, selon la remarque d'un orateur du Gouvernement, la France formait une société de sociétés différentes : la patrie était commune, mais les états particuliers et distincts: une seule chose les unissait, savoir le gouvernement monarchique, et quelque loi générale sur des objets aussi généraux.

Les inconvéniens de ce systême avaient déjà fait sentir la nécessité d'une législation uniforme, sans que cependant on eût pu y parvenir malgré les efforts des plus célèbres magistrats de la France. Elle arriva enfin par la plus grande des révolutions : mais elle ne fut consolidée que par le rétablissement de la monarchie ; nous remarquerons néanmoins que ce fut à la sagesse et aux lumières de l'assemblée constituante, formée par les états généraux convoqués en 1789, par Louis XVI, composés de tout ce qu'il y avait de plus instruit dans le royaume, et de plus distingué dans les trois ordres, du clergé, de la noblesse et du peuple, que l'Europe doit aujourd'hui une série de principes législatifs qui ont hâté les progrès de la raison en matière de lois.

Ces principes furent pour la plus grande partie conservés dans les différens codes et lois qui régissent maintenant la France : la liberté sous l'égide de la loi, l'égalité devant la loi même furent les bases fondamentales de cette législation purement politique, à la quelle on donna le nom de constitution.

Parmi les principes établis dans cette constitution, qui porte la date du 3 septembre 1791, outre la conservation du gouvernement monarchique, considéré comme le meilleur sous tous les rapports, modifié cependant de manière à donner à l'état une véritable représentation nationale, on y trouve :

1.° La déclaration des droits de l'homme ;

2.° L'exercice des droits politiques du citoyen, pour garantir la liberté publique ; l'exercice des droits civils pour garantir et la liberté individuelle et l'égalité, source d'émulation, de vertus, et l'aiguillon des talens ;

3.° Un gouvernement légal, par des lois consenties par la nation, au moyen de ses représentans ;

4.° La répartition égale des impôts sans exception ;

5.° La division de l'état en départemens sous une administration uniforme, exercée par plusieurs hyerarchies centrales et départementales ;

6.° Le partage des successions réglé d'après le voeu de la nature et la tendresse des parens ;

7.° La personnalité des fautes et la qualité des peines proportionnées aux délits ;

8.° La mise sur pied d'une force armée permanente ;

9.° La liberté des cultes, et plusieurs autres objets non moins importans.

Cette constitution ne fut pas de longue durée : l'Assemblée constituante fut remplacée d'abord par une assemblée législative en 1792, ensuite par la Convention nationale, qui renversa le trône, et proclama, en 1793, une autre constitution politique, analogue au gouvernement républicain qu'elle avait adopté, et réunissant en elle-même les deux pouvoirs, le législatif et l'éxécutif, au moyen de ses comités, dont les excès doivent plutôt être oubliés que rappelés à la posterité ; elle finit par reconnaître le besoin d'une autre constitution qu'elle publia le 5 fructidor an III (22 août 1795), dans laquelle, rappelant pour la plus grande partie les principes sus-énoncés, elle tâcha d'établir un systême de gouvernement représentatif, soit par l'organisation des assemblées, soit par la création d'un corps législatif permanent divisé en deux conseils, dont le premier, composé de deux-cent-cinquante individus, fut appelé le conseil des anciens, l'autre dit le conseil des cinq cents; et afin de séparer le pouvoir législatif du pouvoir exécutif, ce dernier fut délégué à un directoire composé de cinq membres nommés par le corps législatif.

Cette constitution fixa les attributions et l'étendue non seulement de ces trois corps, mais aussi des corps administratifs et judiciaires, et des différentes magistratures: elle détermina aussi la force armée: mais comme elle manquait d'ensemble, elle n'avait pas établi la ligne de démarcation entre le pouvoir législatif et exécutif; ce dernier n'avait pas de force, et son action était bien souvent entravée et paralysée, dans l'attente des délibérations d'un autre pouvoir qui lui était étranger. La forme du gouvernement avait donc besoin d'un nouveau changement, et nous voilà à la fameuse journée du 18 brumaire an VIII (9 novembre 1799), où les deux conseils, ainsi que le directoire, furent dissous et remplacés, savoir les deux premiers, par deux commissions législatives composées, chacune, de vingt-cinq membres chargés de la formation d'une nouvelle constitution; et le directoire par une commission consulaire exécutive, investie de la plénitude du pouvoir directorial.

Ce fut à cette époque à jamais mémorable, que le génie de la France mit un terme au

despotisme anarchique qui la désolait depuis long-tems. On signala, dans le calme, les vices des constitutions précédentes pour n'en tirer que la substance la plus pure: l'expérience apprit à concentrer autant que possible le gouvernement, à lui assurer les attributions, et les pouvoirs nécessaires, sans lesquels il manquerait de force et d'énergie: enfin sous la direction du plus grand des hommes, NAPOLÉON, on mit en activité la quatrième constitution qui porte la date du 22 frimaire an VIII (13 décembre 1799), et qui est maintenant en vigueur dans les parties où elle n'a pas été changée par les sénatus-consultes organiques du 16 thermidor an X (4 août 1802) et du 28 floréal an XII (18 mai 1804), lesquels, comme tout autre sénatus-consulte organique, sont censés faire partie des constitutions de l'Empire.

Cette constitution est divisée en sept titres dont le premier renferme les dispositions nécessaires pour l'exercice des droits de cité, et pour les formalités relatives à la représentation nationale.

Le second a pour objet l'organisation du Sénat-conservateur, magistrature chargée de la conservation de la constitution.

Le troisième contient ce qui a rapport au pouvoir législatif.

Le quatrième traite du Gouvernement, et de son pouvoir confié alors à trois Consuls, dont le premier exerçait des fonctions et des

attributions particulières, qu'on peut voir à l'article 41 de cette constitution.

Dans le cinquième on voit l'établissement des tribunaux supérieurs et inférieurs pour l'exercice de la jurisdiction judiciaire.

Le sixième concerne la responsabilité des fonctionnaires publics, et établit une haute-cour dont les juges doivent être choisis par le tribunal de cassation et dans son sein, et les jurés, dans la liste nationale.

Enfin le septième comprend plusieurs dispositions concernant la sûreté et la tranquillité de la nation et des individus, l'emploi de la force publique, la poursuite des délits des militaires, ainsi que les récompenses pour les services rendus à la patrie.

Nous avons dit plus haut que la constitution est en vigueur pour tout ce qui n'a pas été changé par les deux sénatus-consultes, du 6 thermidor au X, et du 28 floréal an XII ; parmi ces changemens, le plus important pour le bonheur et la prospérité de la France, c'est celui sans doute d'avoir perfectionné la forme du gouvernement, en le concentrant dans la personne d'un souverain, et d'avoir placé, d'après le voeu bien prononcé de la nation, la couronne Impériale sur la tête de NAPOLÉON, le plus digne des hommes de recevoir le dépôt sacré de la souveraineté ; il fut proclamé Empereur des Français, et la dignité Impériale fut déclarée héréditaire dans sa descendance

directe, naturelle et légitime, et en cas de défaut dans la descendance adoptive, de mâle en mâle, à l'exclusion perpétuelle des femmes et de leur descendance; au défaut des descendans mâles naturels, et adoptifs, JOSEPH et LOUIS frères de l'Empereur seraient appelés à leur tour, et leurs descendans mâles directs par ordre de primogéniture.

Dans cet événement heureux, la France a par le fait sanctionné une grande vérité, déjà remarquée par de sages observateurs de la marche des nations, savoir, que tôt ou tard l'empire de la raison ne peut manquer de se faire sentir et d'exercer son influence; qu'en tout état où il y a un gouvernement, les lois reprennent toujours le dessus, et que tout peuple civilisé dès long-tems retourne très-facilement aux habitudes et lois anciennes, lorsqu'en supprimant les abus, elles ne présentent plus que l'heureux résultat de l'expérience.

Nous observons en effet, que depuis l'abolition de la royauté en France, le pouvoir suprême a passé successivement entre plusieurs mains, mais en nombre toujours décroissant, savoir, 1.° aux différens comités établis par la Convention nationale, tels que celui de salut public, de sûreté publique, de défense générale, des finances, et autres pour différentes branches de l'administration; 2.° à un Directoire composé de cinq membres; 3.° aux Consuls au nombre de trois; 4.° enfin à un Empereur;

de façon que le pouvoir suprême a été, pour ainsi dire, ramené par l'expérience et par la force des événemens, à sa première unité, comme le seul et unique moyen de faire cesser l'anarchie et les désordres, auxquels la France était livrée depuis un tems beaucoup trop long, par l'effet d'une liberté et d'une égalité mal entendues.

Ce fut alors qu'après bien des secousses il fallut se reposer dans le sein même d'un gouvernement qu'on avait proscrit; et ainsi on a vérifié ce qu'a observé sur cette matière l'immortel Montesquieu dans son esprit des lois. Ce fut alors, que sous une autorité unique et irrésistible, la France a pu prendre promptement cet essor, cet ascendant auquel elle était appelée par les nombreux bienfaits dont la nature l'a comblée: sa grandeur avait été retardée par tous les vices qu'un moment de délire avait déchainés; mais le nuage épaïs dont elle fut couverte, a été bientôt dissipé au rétablissement de la monarchie par la création d'un Empereur: tous les ressorts de la machine sociale ont reçu une nouvelle trempe: leur action, plus libre et plus sûre, n'est point arrêtée par une multitude de mouvemens; il n'y a plus qu'une main qui donne l'impulsion à tout le reste, et par-là on est assuré d'avance de la force et de la consistance que vont prendre tous les principes d'un gouvernement régénérateur.

Les observations qu'on vient de faire sur la législation pendant cette époque, ne portent que sur les lois politiques; il paraîtrait peut-être utile de s'occuper des lois civiles émanées de tems en tems en matière administrative, judiciaire et civile, et notamment sur l'exercice des droits civils, sur la puissance paternelle, sur les successions légitimes et testamentaires, et enfin sur des objets qui ont rapport aux obligations conventionnelles; mais comme toutes ces lois qui forment une espèce de droit intermédiaire, excepté celles qui appartiennent simplement au ressort de l'administration publique, ont été ou entièrement refondues ou modifiées dans le nouveau Code Napoléon, ouvrage des deux législatures des années XI et XII, nous renverrons à la lecture des bullettins et des collections publiées, vu que ces détails nous entraîneraient au-delà des bornes fixées à un abrégé historique.

Nous n'oublierons cependant pas d'observer que depuis long-tems la France éprouvait le plus grand besoin d'un code de lois civiles: l'assemblée constituante était trop éclairée pour ne pas apercevoir qu'en consolidant la monarchie, il fallait aussi une législation civile qui y fût analogue: l'Assemblée, dans sa constitution de l'an 1791, avait décrété, au titre premier, qu'il serait fait un code de lois pour tout le royaume: mais cette assemblée ayant été dissoute trop tôt, n'a pu voir achevé l'ouvrage qu'elle avait médité dans sa sagesse.

La Convention nationale qui remplaça l'Assemblée constituante, quoique guidée par des principes différens, ne sentait pas moins la nécessité d'une loi générale; elle chargea un de ses membres le plus distingué, qui occupe maintenant la haute dignité d'Archichancelier de l'Empire (le Prince CAMBACÉRÈS), de la rédaction d'un code : mais enfin ce mémorable bienfait était réservé au zèle infatigable du Premier Consul.

L'arrêté du 24 thermidor an VIII (12 août 1800) nomma une commission composée des jurisconsultes les plus consommés dans la science du droit public et privé. Messieurs Tronchet, Bigot-Préameneu, Malville, et Portalis furent spécialement chargés de comparer l'ordre suivi dans la rédaction des différens projets publiés jusqu'à cette époque, de proposer le plan qui leur paraîtrait le plus convenable d'adopter, et de discuter ensuite les principales bases de la législation.

Cette commission s'occupa si sérieusement de ce grand objet, qu'à l'étonnement de l'Europe entière, dans l'espace de sept mois, le projet du code civil, chef-d'oeuvre de sagesse, de prévoyance et de précision, était achevé, et rendu public par la voie de l'impression le 26 ventôse an IX (17 mars 1801).

Le Gouvernement fit passer ce projet à

l'examen de toutes les Cours souveraines, et notamment de la Cour de cassation pour avoir leur avis et leurs observations, lesquelles portèrent au degré les plus éminent la perfection du projet qui fut soumis successivement à la discussion du Conseil d'état, à l'examen du Tribunat, et enfin à la sanction du Corps-législatif, pour être ensuite promulgué.

Ce n'est pas ici le lieu de suivre les législateurs dans leurs débats sur la rédaction des lois composant le code, ni les orateurs du Gouvernement dans les savans discours prononcés au Conseil d'état et au Corps législatif; il nous suffira de dire que tous ces monumens de sagesse et d'éloquence, rendus publics au moyen de l'impression, sont la source la plus pure d'où l'on puisse tirer le véritable esprit de la loi, lorsqu'on voudra l'approfondir.

Il nous est doux cependant et agréable de vous faire remarquer que, si la postérité a donné le nom de grand législateur à des monarques qui n'avaient que le mérite d'avoir sanctionné des codes de lois, préparés par des jurisconsultes, que ne dira-t-elle pas de l'Empereur NAPOLÉON, qui a lui-même présidé à la confection des lois qui composent notre code, et qui les a marquées du scéau de son génie? Quelle sera son admiration pour cet ouvrage immortel, lorsqu'elle apprendra que ce fût l'Empereur lui-même, qui, au milieu de son conseil provoquait la discussion des questions les plus épineuses ; qui la ranimait par ses réflexions profondes ; qu'on l'a vu rechercher les causes premières des principes nouvellement reçus, en faire l'application, examiner tous les rapports, comparer les divers statuts et usages, en respectant ce que la sagesse des nations avait consacré, et n'abandonner une matière que lorsqu'elle avait été considérée sous toutes les faces, et que la convictiou était dans tous les esprits. Jamais code de loi ne fut rédigé avec plus de solennité, ni sous de plus augustes auspices.

SECTION III.

De la législation du ci-devant Piémont.

Quoique le Piémont proprement dit n'embrasse que les pays situés aux pieds des monts, et par conséquent le pays compris entre les Alpes et la Sésia, néanmoins notre objet nous porte à comprendre, sous cette dénomination, tous les états que la Maison de Savoie possédait dans le continent au-deça et au-delà des Alpes avant la révolution française, vu que tous ces pays formaient, dans ces derniers tems, une seule monarchie héréditaire dans les descendans mâles de la maison regnante par ordre de primogéniture, et qu'ils étaient aussi régis par la même constitution politique, par les mêmes lois civiles, judiciaires et administratives, excepté quelqu'usage, statut coutumier, ou privilège local.

Nous comprendrons donc ici, sous la dénomination de *Piémont*, premièrement le duché de Savoie, le plus ancien domaine des Princes de ce nom, y compris les provinces de Maurienne, de Chablais, Tarantaise, Genevois et Faussigny; 2.° la principauté de Piémont proprement dit, c'est-à-dire les anciennes provinces de Turin, de Bielle, de Coni, d'Ivrée, de Pignerol, avec les vallées de Pragelas, Oulx, Césane et autres, de Saluces, de Suse et de Verceil; 3.° le comté de Nice, et la principauté d'Oneille; 4.° le duché d'Aoste; 5.° le duché de Montferrat, composé des anciennes provinces de Casal et Acqui; 6.° les provinces d'Asti, Albe, et Mondovi, y compris le marquisat de Ceva, et plusieurs terres et fiefs des Langhes; 7.° les pays démembrés de la ci-devant Lombardie Autrichienne, savoir les provinces d'Alexandrie, de Lumelline, de Tortonne, de Voguère, de l'Oltre-Pô, et du haut et du bas Novarais.

Tous ces pays réunis à différentes époques à la France, savoir, le duché de Savoie, par décret de la Convention nationale, du 29 décembre 1792; le comté de Nice, par un autre décret du 2 février 1793; et les autres, excepté les provinces agrégées au royaume d'Italie, réunis définitivement par le sénatus-consulte organique du 24 fructidor an X (11 septembre 1802); tous ces pays, disons-nous, forment à présent, selon la division territoriale de l'Empire Français, les départemens du Montblanc, la partie la plus considérable de ceux du Léman, des Alpes maritimes, de Montenotte, de Gênes, le département de Marengo, et enfin les quatre départemens du Pô, de la Stura, de la Doire et de la Sésia, dont se compose la 27.e division militaire formant le ressort de la Cour Impériale de Turin.

La rénonciation du Roi Charles Emanuel IV à l'exercice de toute autorité sur le Piémont, par acte du 19 frimaire an VII (8 décembre 1798), l'occupation réelle de ces contrées par les armées françaises, ont dû les faire participer, même avant sa réunion décrétée, comme nous l'avons dit ci-dessus, en 1802, à plusieurs des lois de la France publiées par intervalle par le Gouvernement, et notamment, par rapport aux lois administratives, à l'organisation judiciaire, à celle des préfectures et des municipalités; de façon néanmoins que, quant aux affaires purement civiles, les constitutions générales ne cessèrent d'être en vigueur qu'à l'époque de la promulgation des lois qui composent le Code Napoléon.

Au reste, on ne saurait guère déterminer l'époque de la véritable constitution politique du

Piémont; car la réunion des pays qui le composaient en un seul état, tel que la Maison de Savoie le possédait en 1798, n'étant que le produit d'un agrandissement progressif dès le siècle XIII jusqu'à la moitié du siècle XVIII, par la suite des guerres, des successions et des traités, on ne peut remonter à une époque antérieure aux constitutions générales des années 1729 et 1770, pour trouver une législation générale et uniforme pour tous ces états. En particulier, les provinces de Novare, de Lumelline, du Tortonnais, et autres détachées de la Lombardie Autrichienne, et parvenues au Roi de Sardaigne par les traités de Vienne, de Worms et d'Aix-la-Chapelle, en 1738, 1743 et 1748, n'ont été assujetties aux constitutions du Piémont que par celles de l'an 1770.

Il paraît que, dans le premiers siècles, cette monarchie n'était pas aussi absolue que dans les derniers tems, vu qu'une grande partie des pays réunis sous la domination des Ducs de Savoie avaient conservé leurs statuts, leurs usages et leurs privilèges; et plusieurs actes d'adhésion et de soumission des principales villes et des grands vassaux, qui dans l'intervalle de six siècles ont concouru à l'agrandissement de l'état, portaient toujours des réserves par rapport à l'exercice de la souveraineté, qui ne commença à prendre toute sa vigueur qu'à l'époque où le Duc Emanuel-Philibert, à la suite de la paix de Cambrésis stipulée en 1559, rentra dans ses états que la France lui avait rendus. Avant cette époque, on ne trouve que des statuts anciens pour la Savoie, des lois ou édits particuliers pour l'organisation judiciaire, des statuts et des coutumes particuliers non seulement à des provinces, mais encore à des villes et à des communes. En outre, presque toutes les terres étant érigées en seigneuries, la volonté des seigneurs, investis de la puissance féodale, tenait souvent, dans ces tems-là, lieu de loi.

Les Princes prenaient souvent eux-mêmes connaissance des affaires et des principaux différends de leurs sujets; ils les réglaient et décidaient sur l'avis des principaux personnages qui tenaient lieu d'assesseurs, et formaient leur conseil ou une espèce de parlement qui siégeait à côté du Prince. Ce ne fut qu'en 1459, que le Duc Louis de Savoie créa pour la première fois un conseil permanent séant à Turin, pour prononcer et décider sur les procès civils et criminels, sans appel, sauf le recours au Prince.

Quant aux affaires concernant la nation en général, à l'exemple de la France, elles étaient, jusqu'au commencement du XVI siècle, portées à des assemblées composées de trois ordres, savoir des prélats, des seigneurs des fiefs, et des villes immédiates les plus considérables, c'est-à-dire non inféodées. Ainsi le peuple des campagnes n'était point représenté.

Ces assemblées n'étaient pas toujours convoquées dans la même forme, ainsi que l'on peut voir dans les anciens édits des Ducs de Savoie, émanés dans le siècle XV et au commencement du siècle XVI, et réunis en recueil par Borelli.

Dans l'édit du 10 septembre 1470, il est dit : *Ex quaerela in pluribus trium statuum nostrae ditionis et congregationis nuperrime delata . . . . habita primitus super his consilii nostri, multorumque peritorum, et praesertim* universitatis nostrae Taurinensis *consultatione matura; et qui tandem pro nostro singulari refugio serenissimum Principem et Dominum metuendissimum Ludovicum Francorum Regem consuluimus.* Ailleurs il est dit: *De consilio trium statuum nostrorum invicem convocatorum.* Ailleurs: *Perscrutatis tamen prius voluntatibus subditorum nostrorum.* Ailleurs : *In generali trium statuum patriae nostrae cismontanae in hac civitate Taurini de nostro mandato nuperrime facta congregatione.* Ailleurs : *Ad preces et supplicationem humilem trium statuum patriae nostrae vocatorum, et congregatorum.*

La différence de ces formules prouve qu'il n'y avait pas, dans le Piémont, une forme de convocations fixe et régulière, et que les assemblées n'étaient convoquées que lorsqu'il plaisait aux Princes de l'ordonner; convocations dont les souverains eux-mêmes ont peut-être senti le peu d'utilité et les inconvéniens, puisqu'on n'en voit plus de trace dès l'occupation du Piémont par François I Roi de France en 1535 *1; époque qui excitera toujours en nous un souvenir de reconnaissance pour plusieurs bienfaits, et notamment pour la dérivation des grands canaux qui arrosent une partie du Piémont, ouvrage dû à la sollicitude et au zèle infatigable du Maréchal de Brissac, alors gouverneur du Piémont pour le Roi de France.

A peine le Duc Emanuel-Philibert fut-il réintégré dans ses états du Piémont en 1559, qu'instruit de l'insuffisance des lois anciennes, et des défauts d'organisation dans l'administration de la justice et dans l'administration publique, il porta tous ses soins pour préparer le Piémont au degré de splendeur et de pros-

---

*1 *On peut voir, dans l'ouvrage de Pingon, les diplômes du Roi de France relatifs au Piémont. Ibi*: Eam ipsam civitatem Taurinensem univimus, atque incorporavimus, unimus, atque incorporamus nostrae coronae Franciae quam cum ejusdem districtu volumus et ordinamus nobis successoribusque nostris Franciae Regibus subditam remanere; anno vero Christi 1537 (*ainsi poursuit l'historien*) Franciscus Rex ut Taurinenses, et Pedemontanos populos sibi devinctos alliceret, eos omnes jure Galliae donat .... quod confirmavit postea Henricus II Francisci filius.

périté qu'il a atteint et conservé. Il créa de grands corps judiciaires en subrogation des conseils de Chambéry et de Turin; il leur donna le titre de *Sénat*, il en fixa les attributions par les décrets du 13 et du 20 février 1560, portant leur organisation, avec le droit d'exercer la justice suprême en dernier ressort, et en appel des tribunaux inférieurs. Les mêmes attributions ont été ensuite accordées au sénat de Nice, érigé en 1614.

Pour l'intérêt du domaine de la couronne, il créa aussi, dans la même année 1560, un magistrat chargé de sa conservation, avec le le titre de *Magistrat de la chambre des comptes*, lequel, par la suite, a été chargé en général de tout ce qui pouvait avoir du rapport à l'intérêt du domaine, du fisc et de l'état.

Ces quatre magistrats ont continué leurs fonctions jusqu'à l'époque de la réunion à la France des pays qui en formaient le ressort.

Plusieurs autres magistratures ont été instituées par la suite, soit dans l'ordre judiciaire, soit dans l'administration publique.

Le Roi Victor-Amédée fut le premier qui donna au Piémont un code national en 1723, sous le nom de *Lois et Constitutions de S. M.* Ce code, en partie changé et augmenté dans l'an 1729, reçut encore des variations et additions dans la dernière constitution promulguée en 1770, sous le nom de *Constitutions du Roi Charles-Émanuel III* : dans celles-ci, comme dans celles de l'an 1729, il fut établi que jamais il ne serait permis aux juges de s'écarter du texte, ni d'y donner aucune interprétation, limitation, déclaration, extension ou modification, et que tout jugement contraire n'aurait jamais force de chose jugée.

Ces constitutions étaient divisées en six livres, dont le premier concernait particulièrement la religion et les cultes. On voit, dans le deuxième, la hiérarchie des magistrats et des juges. Le grand-chancelier, chef et président du conseil d'état, était chargé de la surveillance principale pour l'administration de la justice; il avait même le droit de siéger dans tous les corps de magistrature.

A part la Chambre des comptes pour les affaires du domaine du Roi, le Consulat pour les affaires du commerce, et quelques autres tribunaux ayant des objets déterminés, et une jurisdiction dite d'*exception*, l'administration de la justice était confiée au sénat, aux juges-majes et aux juges ordinaires; d'où il résultait que la procédure en matière civile avait trois degrés de jurisdiction, lorsque l'affaire excédait quatre cents livres, savoir, le juge ordinaire, le juge-maje et le sénat. On pouvait cependant porter d'abord au sénat tout procès sur les affaires excédant la valeur de deux-mille livres, et même toutes les affaires qui avaient rapport au régime ecclésiastico-civil, à l'intelligence des statuts et des privilèges des communes, et autres objets de la plus grande importance.

Les causes des grands dignitaires et des premiers fonctionnaires de l'état étaient exclusivement réservées à la connaissance du sénat; enfin les veuves, les pupilles et les pauvres avaient aussi la faculté de le choisir pour la décision de leur procès, s'ils n'aimaient mieux d'être jugés par les juges ordinaires.

Les juges-majes, dits aussi *préfets*, étaient chargés de l'administration de la justice dans les provinces, et leurs décisions étaient sujettes à l'appel au sénat; les juges ordinaires exerçaient leur jurisdiction dans les villes et les communes, à la charge de l'appel aux juges-majes.

Tous les tribunaux subalternes étaient assujettis à des assises publiques dans les tems déterminés par la loi; ils étaient chargés d'instruire les procès des crimes et délits, et de quelque partie de l'administration publique, notamment pour la conservation des chemins et des ponts. Un conseil dit magistrat de santé et un conseil de commerce exerçaient la surveillance et la jurisdiction sur les objets de leur attribution.

Les intendans des provinces étaient chargés de régulariser, et vérifier les impôts, et de décider les questions qui y avaient rapport; de prendre soin des intérêts des communes, de prononcer sur leurs différends relatifs à l'étendue du territoire, et enfin ils surveillaient la conservation des routes, de la navigation, des forêts, etc.

Un règlement particulier avait fixé le mode de l'administration des communes et des biens communaux, ainsi que la manière de répartir les contributions foncières et personnelles.

Les procédures civile et criminelle formaient l'objet des livres III et IV : l'on voit, dans ce dernier, la classification des différens crimes et délits, et les peines qui devaient être infligées.

Le livre V avait principalement pour objet de statuer sur les successions, soit légitimes, soit testamentaires, sur l'état civil des personnes, dont la majorité était fixée à 20 ans en matière civile, et à 25 en matière criminelle.

Au reste, quoique la puissance paternelle, la tutelle, la curatelle, le régime dotal, et même les successions fussent en général régis par le droit Romain, néanmoins la constitution du Piémont avait cela de particulier que 1.° elle déférait toujours les successions à ceux des parens qui étaient non seulement en degré de succéder, mais encore qui par leur propre état pouvaient conserver les familles, ou qui en conservaient le nom vivant au siècle ; ce qui en dernière analyse était à-peu-près comme dire que la profession réligieuse emportait la mort civile ; 2.° que les filles étaient aussi exclues de toute succession, si à l'époque de l'ouverture il existait des frères ou des descendans des frères en ligne masculine, qui pussent par leur état conserver et perpétuer la famille, auxquels frères et descendans appartenait le droit de subrogation, moyennant une dot congrue dont le cas et la quotité y étaient aussi réglés d'après la condition et la fortune des familles; 3.° enfin la mère était aussi exclue de la succession *ab intestat* de ses enfans par les frères et descendans mâles d'iceux, sauf, pour elle, le droit de légitime.

Quant aux dispositions testamentaires, la loi du pays ne connaissait que le testament reçu par un notaire en forme authentique, scellé ou non, et le testament déposé aux archives du sénat. Au reste, la faculté de disposer était modifiée et restreinte non seulement par les lois Romaines, en ce qui concernait la légitime ou quote réservée aux descendans et aux ascendans; mais encore elle était bornée par rapport aux substitutions et aux libéralités entr'époux. Dans les derniers tems, les substitutions fidéicommissaires et primogénitures jadis réservées aux ayant titre de noblesse, furent entièrement abolies.

Tous les contrats entre vifs de quelque espèce qu'ils fussent, de même que toutes les dispositions de dernière volonté, devaient être faits par instrument, ou acte public notarié; ils devaient même être insinués, c'est-à-dire consignés aux archives publiques de l'insinuation, le tout sous peine de nullité, sauf les cas expressément prévus par la loi pour les contrats de prêt et de société, de vente, ou échange des meubles, louages, quittances d'arrérages et autres de cette sorte; encore ceux-ci n'acquerraient-ils point une date certaine, à moins qu'ils n'eussent été consignés aux archives de l'insinuation, sauf néanmoins la preuve par témoins signés à l'acte. Mais les donations entre vifs étaient soumises à des formalités plus rigoureuses, elles devaient être faites par-devant le juge, insinuées, publiées, et enregistrées.

Pour ce qui est des prescriptions, privilèges et hypothèques, on suivait aussi le droit Romain, à la différence près que l'hypothèque générale des biens et la clause du constitut possessoire étaient toujours censées apposées dans tous les contrats d'actes de dernière volonté, qui étaient faits par acte authentique, ou par écrit sous seing-privé dans les cas où il était permis de les faire de cette manière.

Enfin, pour ce qui concerne la législation qui régissait les intérêts privés des familles et des individus en matière civile, elle est tracée en peu de mots dans l'art. 15, tit. 2, liv. 3, des constitutions de 1729 et 1770, ainsi conçu: » Nous voulons que dans la décision des pro- » cès l'on observe uniquement 1.° nos cons- » titutions; 2.° les statuts des lieux dûment » approuvés; 3.° les décisions de nos magis- » trats: 4.° et finalement, le texte du droit » Romain avec défense expresse de déférer aux » opinions des commentateurs ».

Nous avons déjà remarqué qu'il y avait un magistrat spécialement chargé de la conservation du domaine public et de la couronne : les lois concernant cette matière étaient réunies dans le livre sixième et dernier des constitutions y compris les lois touchant les fiefs et les droits regaliens de toute sorte.

Une loi fondamentale de l'état, consignée dans l'ancien édit du 22 avril 1445, confirmée, augmentée et expliquée par plusieurs édits postérieurs, et notamment par l'édit de l'an 1720, et par les constitutions des années 1729 et 1770, avait consacré en principe l'inaliénabilité des biens, fiefs et droits appartenant au domaine.

De même la succession aux fiefs et l'exercice de la jurisdiction féodale étaient régies par des lois particulières: mais toute féodalité avec les droits y attachés a été abolie par deux édits publiés le 7 mars et le 29 juillet 1797. Quelques dispositions particulières des constitutions statuaient aussi sur les privilèges du fisc, et sur les droits régaliens tels que les minières, les fleuves et rivières, les chemins publics, les bois et forêts, et sur la loi d'aubaine concernant les étrangers.

Les lois concernant les fiefs et le domaine public méritent d'autant plus notre attention qu'elles ont été rappelées après la réunion du Piémont à la France par différens décrets de l'Administrateur-général, et notamment par celui du 12 floréal an XIII, où, pour donner exécution en Piémont à la loi du 14 ventôse an VII, ont été fixées les maximes relatives à l'intelligence et à l'application de cette loi dans les départemens composant la 27.ᵉ division militaire.

Nous regrettons vivement que les bornes prescrites à ce précis historique nous empêchent d'énumérer toutes les autres dispositions relatives à l'ancien état politique et civil du Piémont, et particulièrement de ne pouvoir faire connaître en détail l'origine et les progrès de l'instruction publique dans nos contrées : mais nous espérons que le défaut de ces notices importantes sera abondamment compensé, soit par les ouvrages publics qui existent *1,

---

*1 *Pingon*, Augusta Taurinorum. *Guichenon*, *histoire de la Maison de Savoie. Tiraboschi*, istoria della letteratura italiana. *Denina et Napione* passim *dans leurs ouvrages imprimés. Monsieur le Conseiller d'état Galli*, *dans son livre ayant pour titre*, Le cariche del Piemonte, *tom.* 2 *pag.* 1, dell' università de' scolari, studio in Torino, e Magistrato della riforma, *a rassemblé des notions très-intéressantes sur la création et les progrès de l'Université de Turin, sur les officiers, professeurs et autres fonctionnaires chargés de l'instruction. On peut aussi voir plusieurs édits relatés dans la collection des édits de Borelli, liv.* 4 *tit.* 35, *pag.* 534 *et suivans.*

soit par ceux déjà préparés et destinés à l'impression ; et parmi ceux-ci, qu'il nous soit permis de citer quelque passage qui nous a paru le plus important, et le plus directement relatif à notre objet : il est tiré de l'*Aperçu historique sur l'Université de Turin* *1.

» Les traces qu'on peut découvrir de l'état
» de la civilisation dans les contrées subalpines,
» dès les premiers siècles de l'Empire Romain,
» ne nous permettent pas de douter qu'il n'y
» eût quelque espèce d'enseignement dans nos
» villes, comme dans les autres d'Italie : Ver-
» ceil est la première, qui puisse se vanter,
» dans ce genre, d'une ancienne illustration...

» Les universités commencent à paraître
» sous ce nom, dans le XII siècle, à Paris
» et à Bologne ; un siècle après, le Piémont
» en eut une à Verceil.

» C'est en 1405, que sur la demande de
» Louis de Savoie, Prince d'Achaye, Souverain
» du Piémont, l'Université de Turin fut érigée,
» selon l'usage des tems.... *2.

---

*1 *Aperçu historique sur l'Université de Turin, lu à la séance publique de l'Académie Impériale des sciences, lettres et beaux-arts, du premier juillet* 1809, *par Monsieur de* Balbe, *Inspecteur-général de l'Université Impériale, Recteur de l'Académie de Turin.*

*2 *On peut voir, dans la collection de*

» Amé VIII Duc de Savoie.... a été le premier législateur de l'Université de Turin : » en 1424, il en confia l'administration à un » conseil composé du capitaine (ou gouverneur-général) du Piémont et de trois réformateurs; dans son décret ce Prince appelle » l'Université de Turin *sa fille*, ainsi que » l'ont fait les Rois de France pour l'Université de Paris ; bientôt elle fut transférée à » Quiers, où elle resta quelques années ; en » 1435, elle était à Savillan, mais l'année » suivante elle retourna à Turin ».

L'auteur fait ensuite l'énumération des professeurs les plus distingués, qui ont illustré cette Université dans les siècles XV et XVI, tels que Jacobin de Saint Georges, Claude de Seyssel, Pierre Cara, Jean-François Balbe, Jean-François Porporat, Jean Névissan, et Jérôme Cagnoli, professeurs de droit, et autres dans les facultés de théologie, de médecine et des arts. L'édit précité du 10 septembre 1470 nous fait voir que l'Université de Turin faisait partie de la représentation nationale. Il paraît même, par les patentes ducales du 15 mai 1459 et du 13 novembre 1483, que l'Université était unie au conseil ducal : cette dernière a pour titre *Confirmatio unionis Universitatis et studii cum consilio ducali.*

Borelli, *le privilège du Pape*: Pontificium privilegium studii generalis Taurinensis.

Les guerres du XVI siècle firent languir les études, et l'Université fut établie à Mondovi, qui conserva l'enseignement dans ses écoles jusqu'au siècle XVIII. Mais lorsque le Piémont fut rendu au Duc Emanuel-Philibert, l'Université de Turin fut élevée à un haut degré de splendeur par les hommes célèbres que ce Prince y attira de tous côtés, tels que Govean, Menochius, Cravetta, Vaud, Manuce, Pancirole, et le grand Cujas pour l'école de droit, Vimercati, Argentieri, Giraldi et autres pour la médecine, la littérature, les mathématiques etc.

Les successeurs d'Emanuel-Philibert n'ont pas manqué de faire des efforts pour maintenir l'Université dans la splendeur qu'elle avait acquise, et la ramener à son institution et aux anciens principes ; mais la sagesse des règlemens ne put pas en arrêter la décadence.

Telle était la situation de l'Université, lorsque le Roi Victor-Amé pensa à la relever au moyen d'une nouvelle constitution, donnée le 25 octobre 1720, accompagnée de règlemens qui en faisaient partie, réformée ensuite et augmentée par les constitutions du 20 août 1729, avec la création d'un conseil supérieur dit *magistrat de la réforme*, expressément chargé du régime de l'Université, avec juridiction et droit de surveillance pour l'exécution des lois et règlemens. Ce conseil était composé d'un chef nommé en la personne du grand-chancelier de l'état, et des présidens des facultés, ou réformateurs. Ce fut aussi dans ces constitutions, que pour la première fois il a été statué que les grades de licence et de doctorat dans les facultés ne seraient conférés que dans l'Université. Enfin ces mêmes constitutions ont encore reçu, après 42 ans, une troisième réforme avec des additions et des changemens suggérés par l'expérience : cette nouvelle constitution du Roi Charles-Emanuel III, de même que le règlement y annexé, portant la date du 9 novembre 1771, ont été imprimés en 1772.

En examinant l'ensemble de toutes ces institutions, on ne peut se dispenser de remarquer avec le savant auteur de l'aperçu sus-désigné, combien nous sommes heureux en voyant rétablies parmi nous, comme dans toute l'étendue du vaste Empire de la France, les mêmes idées d'unité de l'enseignement, et presque le même système d'instruction publique, qui a servi de base à nos constitutions, et cela en vertu des différens décrets impériaux, lois et statuts, et notamment du décret du 18 prairial an XIII, portant organisation de l'Université de Turin; de la loi du 10 mars 1806, et du décret impérial du 17 mars 1808, portant création d'un corps enseignant, et organisation générale de l'Université Impériale; des autres décrets impériaux du 11 décembre 1808, et du 4 juin 1809, portant la réunion de l'Université de Turin à l'Université Impériale.

Ce précis historique de la législation du Piémont serait incomplet, et n'atteindrait point le but proposé, s'il n'y était point fait mention de la législation intermédiaire depuis la rénonciation du dernier Roi Charles-Emanuel IV, par acte du 9 décembre 1798, jusqu'à l'époque de la publication du Code Napoléon, par suite de la réunion du Piémont à la France.

Cet intervalle de tems peut être distingué d'après les différentes formes de gouvernement auxquelles il fut soumis. D'abord, le Gouvernement provisoire, établi par le Général en chef de l'armée française Joubert, publia, à la vérité, plusieurs lois; mais comme ces lois étaient plutôt des mesures commandées par le nouveau système de gouvernement, ou dirigées à en préparer le passage, et que d'ailleurs elles furent bientôt rapportées dans le mois de mai 1799, par le Conseil suprême établi à l'entrée des Austro-Russes dont l'autorité ne tarda guère non plus à céder la place aux Armées françaises, rentrées de nouveau en Piémont en juin 1800, après la bataille de Marengo, nous croyons pouvoir nous dispenser de faire mention de ces lois transitoires du Gouvernement provisoire, ainsi que de l'édit du Conseil suprême du 28 juillet 1799, qui remit en vigueur toutes les lois qui existaient à l'époque de la rénonciation du Roi.

Après la rentrée des Français en Piémont, qui eut lieu en juin 1800, les Consuls de la

République y ont créé, par arrêté du 4 messidor an VIII, une Commission de gouvernement pour exercer le pouvoir exécutif d'après les lois de la *Consulta*, faisant fonctions de corps législatif, sous la présidence d'un ministre extraordinaire de la République. Ces deux pouvoirs ont été réunis ensuite dans une seule Commission appelée exécutive, dont les délibérations étaient soumises à l'approbation du Ministre de France, en vertu de l'arrêté du 12 vendémiaire an IX.

La législation sous ces Commissions fut vraiment volumineuse ; la plupart de ces lois ne concernent que des objets de finances ; on laissa subsister toutes les anciennes lois civiles et de procédure. Au reste, l'abolition de tous les titres et distinctions de naissance, des primogénitures et fidécommis ; la proclamation de la tolérance des cultes ; les biens du clergé séculier et régulier déclarés nationaux ; les bénéfices simples, ou chapellenies laïques déclarés libres au profit des patrons, voilà à-peu-près l'ouvrage de ces Commissions, en ce qui concerne les lois politico-civiles.

Enfin arriva l'arrêté des Consuls, du 12 germinal an IX ; et la Commission exécutive fut remplacée par un Administrateur-général : dès-lors le Piémont se trouva réuni de fait à la France, quoique sa réunion n'ait été sanctionnée que par le sénatus-consulte du 24 fructidor an X (11 septembre 1802). On le partagea en six départemens, savoir, du Pô, de la Doire, du Tanaro, de la Sture, et de Marengo; le sixième département, de l'Agogna, composé des provinces de Novare et de la Lumelline, a été ensuite réuni à la république cisalpine, et fait maintenant partie du royaume d'Italie.

L'Administrateur-général rendit plusieurs décrets tendant à assimiler, autant que possible, le gouvernement du Piémont à celui de l'intérieur de la France, dont quantité de lois furent de tems en tems publiées en forme de bulletins.

Ces lois, en supprimant les anciens tribunaux, en ont établi d'autres; la hiérarchie judiciaire fut partagée en justices de paix, tribunaux de première instance et Cour d'appel, tout récemment remplacée par la Cour impériale. La partie administrative a été réservée aux préfets, et aux conseils de préfecture de chaque département.

On a aussi publié le code pénal, les lois de procédure, les lois militaires, les lois sur les domaines engagés, et autres aliénés par le domaine public dès l'an 1565 et après, ainsi que nous l'avons remarqué; les lois sur l'enregistrement, le timbre et le greffe, sur le régime hypothécaire et sur l'expropriation forcée, selon la loi du 11 brumaire an VII, publiée le 5 thermidor an IX.

Ensuite vinrent les lois sur les finances

les contributions directes et indirectes, sur la conscription militaire, et enfin la loi portant la suppression des ordres monastiques et congrégations régulières, dont les biens ont été mis sous la main de la nation *1.

En un mot, rien n'a été omis pour assimiler entièrement le Piémont à la France; non seulement on y a promulgué les lois composant les différens Codes, Napoléon, de commerce, de procédure, et autres contenues dans les bulletins de l'Empire, mais encore tout récemment le nouveau décret Impérial du 30 juin 1810, inséré au bulletin des lois, portant que les lois, réglemens et décrets Impériaux, en vigueur en France, qui n'auraient pas enco-

---

*1 *Ceux qui desireront de plus amples notions sur la législation ancienne et intermédiaire du Piémont, et sur son état politique, n'ont qu'à consulter l'article* PIÉMONT, *inséré à la page* 583 *du tome XIII et dernier du répertoire de Monsieur le Comte* MERLIN, *ouvrage très-intéressant pour nos contrées, d'un de nos plus savans magistrats, Monsieur* BOTTON-CASTELLAMONTE, *ancien premier président du magistrat de la Chambre des comptes en Piémont, et premier président de la Cour d'appel de Turin, membre de la légion d'honneur, conseiller en la Cour de cassation.*

re été déclarés exécutoires dans nos départemens, y seront obligatoires, sauf les modifications qui pourraient y avoir été portées par des décrets particuliers.

Les notions historiques de la législation et de la jurisprudence anciennes avec les notions préliminaires que nous allons donner sur l'ensemble et le plan général de la nouvelle législation, vont nous frayer le chemin à la connaissance du nouveau droit commun de la France.

NOTIONS PRÉLIMINAIRES,

OU

ANALYSE DU PLAN GÉNÉRAL

DE LA NOUVELLE LÉGISLATION.

Le mot *Droit*, qui dans son vrai et propre sens ne signifie que la faculté dont jouit tout individu de faire ou ne pas faire une chose, a reçu plusieurs acceptions.

On dit *droit* par excellence, pour désigner ce qui est juste ; il se prend aussi pour l'ensemble des lois de chaque pays, et c'est en ce sens que l'on dit *Droit Romain*, *Droit Germanique*, *Droit Français*, pour désigner l'ensemble des lois de ces peuples. La Jurisprudence se nomme aussi la science du droit. Enfin ce même mot, parmi plusieurs autres acceptions, reçoit sa définition des différens objets auxquels il est appliqué : ainsi nous disons *droit divin*, *droit naturel*, *droit militaire*, *droit commercial*, pour désigner les lois divines, naturelles, celles qui ont rapport à la milice et au commerce.

Comme toute faculté dépend nécessairement ou de l'équité naturelle ou des lois positives, de là la première distinction entre le droit naturel et le droit positif.

On entend par droit naturel cette raison universelle gravée dans le coeur humain, fondée sur la nature de l'homme même, et de la société civile, d'où résultent tous ces droits que, sans besoin de lois, chacun reconnaît, autant par rapport à soi-même que par rapport aux autres; ainsi par exemple: *honeste vivere, neminem laedere, suum cuique tribuere: quod tibi non vis, alteri ne feceris*, sont autant de préceptes tirés de la simple équité naturelle.

On entend par droit positif toute sorte de loi émanée de l'autorité publique: les formalités prescrites pour les actes de l'état civil comme pour tout autre acte, les règles concernant les successions, les donations, les testamens, les contrats, les hypothèques, la prescription, sont des lois positives, sans lesquelles il n'y aurait point de base pour en déterminer la légitimité, ni les effets.

Les facultés dont jouissent les hommes comme membres de l'état, en vertu des lois politiques, appartiennent au *Droit public*, parcequ'elles ont un rapport direct à l'ordre, à l'intérêt public; tels sont les droits de voter dans les collèges électoraux, de siéger dans les conseils administratifs, de pouvoir être appelé aux emplois publics; telles encore sont les lois qui ont rapport aux nations étrangères. Au contraire les facultés dont jouissent les hommes en particulier par rapport à leurs personnes, leurs familles, leurs biens et leurs actions privées, s'appellent *droits civils* : leur exercice est réglé par les *lois civiles*.

La loi, chez tous les peuples, n'est qu'une déclaration solennelle, émanée de l'autorité souveraine, contenant un précepte général sur un objet qui concerne l'intérêt commun, soit en général, soit en particulier : toute loi a pour objet d'ordonner, de défendre, ou de permettre quelque chose, ou de punir les contraventions : *jubere*, *vetare*, *permittere*, *et punire*. De-là la distinction entre les lois impératives, prohibitives, facultatives et criminelles ; mais quelque soit leur but, elles ne doivent pas moins être toujours envisagées comme intéressant à-la-fois le public et les particuliers : elles sont la vraie base de la liberté; *Servi enim legum sumus, ut magis liberi esse possimus.*

De tous ces principes et de tout ce que nous venons de référer sur le droit ancien et sur le droit intermédiaire, il est aisé de conclure que le droit nouveau se compose nécessairement de toutes les lois qui sont en vigueur dans toute l'étendue de l'Empire. Ces lois sont, 1.° la constitution modifiée par les sénatus-consultes organiques qui en font partie intégrante; 2.° le code civil qui porte le nom du Héros à qui il doit son existence; 3.° les autres codes de procédure, de commerce, le code pénal et le code rural qui va bientôt recevoir sa sanction; 4.° les autres lois, et les décrets impériaux qui concernent l'universalité de l'Empire.

Tels sont les élémens de notre législation ; les lois romaines, les ordonnances, les coûtumes, les statuts, les réglemens et les usages anciens ont cessé d'avoir force de loi générale ou particulière dans les matières formant l'objet des lois qui composent le code Napoléon *1.

Que si le droit romain a pu mériter le titre auguste de *droit commun*, par cela seul qu'il fut reçu dans toute l'Italie et dans plusieurs autres états soumis à la domination de Rome, combien ne doit on pas plutôt appliquer ce même titre, et dans le même, sens au code Napoléon qui, en surpassant, par son ordre, sa méthode, sa clarté, son étendue et sa précision, l'ancien digeste, est désormais devenu le droit commun, non seulement de l'ancienne France, mais encore de l'Italie, de la Belgique, de la Hollande et d'une grande partie de la Germanie, et par conséquent le droit commun de presque toute l'Europe ?

Lorsqu'on se propose d'étudier les élémens d'un code ou les principes d'une science quelconque, il faut, avant-tout, en connaître le plan, pour en saisir les liens et l'ensemble. On doit pour cela considérer la place qui est assignée à chaque matière. En suivant cette méthode, nous commencerons par tracer un

---

*1 *Art. 7 de la loi du 21 mars 1804, qui sert de clôture au code Napoléon.*

plan général analytique des matières qui font l'objet du code Napoléon, d'après la marche déterminée par la nature des dispositions législatives dont il est composé; après quoi nous examinerons les principes généraux de chaque matière en particulier, les définitions, les divisions les plus importantes, enfin toutes les notions élémentaires, en suivant l'ordre du texte.

Tout comme le droit romain envisage la jurisprudence sous trois différens rapports, savoir des personnes, des choses et des actions, de même le code Napoléon se propose dans tout son ensemble trois différens objets, savoir: 1.° les personnes tant par rapport à l'état et au gouvernement, que par rapport à leurs familles; 2.° la nature et la distinction des biens meubles ou immeubles, corporels ou incorporels, susceptibles ou non de propriété privée; 3.° enfin les différentes manières d'acquérir et de transmettre cette propriété, d'où viennent les actions qui sont les moyens d'exercer le droit de propriété.

Ces trois différens objets présentent par eux-mêmes la principale division du code en trois livres, qui se divisent aussi en autant de titres particuliers, lesquels répondent à la classification des matières sus-désignées.

De cet exposé on peut concevoir d'avance que quoique le code civil ait pour but principal de statuer sur les intérêts privés, il ne statue pas moins sur plusieurs objets de l'intérêt public et d'administration publique, ce qui, d'après nos instructions, nous engage à des leçons particulières sur le droit public et sur le droit civil dans ses rapports avec l'administration publique.

En effet, le titre préliminaire contient les dispositions sur la publication, les effets et l'application des lois en général; dispositions placées nécessairement à la tête du code, vu qu'elles n'appartiennent à aucun code particulier, et qu'elles ont un point de contact avec toutes les lois, et sont une espèce de prolégomènes de tous les codes, selon l'expression d'un des orateurs.

Telles sont aussi plusieurs autres dispositions concernant la jouissance et la privation des droits civils, les formalités du mariage, la puissance des pères et mères, l'adoption, la distinction des biens, les hypothèques, la prescription et plusieurs autres qui sont du ressort de l'administration publique; tout comme il faudra ranger dans la même classe les lois relatives à la jurisdiction des magistrats et des tribunaux, les lois criminelles et de police, les lois fiscales, les lois concernant le commerce en général et les lois militaires.

Telle est encore la matière contenue dans les onze premiers titres du code, dont le premier est destiné à fixer plus précisément les rapports du citoyen à l'égard de l'état, et les droits civils qui résultent de la qualité de français, ainsi que les cas de privation. Le deuxième a pour objet de constater l'état civil et la condition de chaque individu dans les trois grandes époques, de la naissance, du mariage et du décès, et les formalités à remplir pour en fournir la preuve légitime. Le troisième traite du domicile, point très-important sous tous les rapports, quelque soit la condition de l'individu, majeur, mineur, fonctionnaire public, libre ou en état de domesticité, et même pour le cas de décès et de succession. Après quoi vient naturellement le titre quatrième de l'absence, où sont réglés les différens cas d'absence présumée ou déclarée, et les époques où la loi intervient pour l'intérêt des absens, en fixant même les droits de ceux qui sont appelés à la succession, ou ayant quelqu'autre droit à exercer sur leurs biens.

Nos législateurs après avoir statué à l'égard des citoyens considérés comme membres de la société civile, et avant de porter des lois sur les actions privées, ont dû s'occuper de la composition des familles et de leurs intérêts, soit par rapport à l'intérieur d'icelles, soit par rapport à l'ordre social : ce plan ne pouvait être suivi sans les lois et les dispositions qui concernent le mariage, et ses conséquences, pour déterminer les droits et les devoirs respectifs des époux, les cas de divorce, la paternité et la filiation, l'adoption, la puissance paternelle, la minorité, la tutelle, l'émancipation, et enfin la majorité et l'état d'interdiction; et ce sont ces différentes matières qui forment l'objet des titres V, VI, VII, VIII, IX, X, XI, qui fait la clôture du livre premier dont l'ordre n'est que l'effet d'un plan sagement combiné par lequel le code ne fait d'abord que régler les actions des citoyens d'après leurs différens états et conditions, abstraction faite de la propriété et des moyens de l'acquérir.

Mais pour parvenir à fixer avec ordre les différentes manières d'acquérir la propriété, il fallait nécessairement traiter au préalable de la différente nature et qualité des biens de toute sorte, en distinguant, pour base fondamentale, les meubles des immeubles, ceux qui sont, ou ne sont pas susceptibles de propriété privée; tel est le but du livre deuxième divisé en quatre titres, dont le premier traite de la distinction des biens et même de leurs rapports avec ceux qui les possèdent; après quoi il fallait déterminer ce que c'est que la propriété par elle-même, et indiquer les droits qui en découlent, soit sur tout ce qu'elle produit, soit sur ce qui s'y unit accessoirement par l'effet de la nature, ou de l'industrie. Ces principes sont tracés dans le titre II, de la propriété, et dans les différens chapitres concernant le droit d'accession naturelle, ou artificielle, tant par rapport aux meubles qu'aux immeubles.

Cependant comme ce droit de propriété peut également avoir lieu dans la propriété pleine et absolue des biens, ou dans la simple jouissance, ou seulement dans les services fonciers, de-là la nécessité de traiter séparément ces matières, ce qu'on a fait dans le titre III, qui nous apprend ce que c'est que l'usufruit, l'usage ou l'habitation, les droits et devoirs de ceux qui en profitent ; et dans le titre IV, où il est parlé des servitudes ou services fonciers de toute sorte qui peuvent dériver ou de la situation naturelle des lieux, ou des obligations imposées par la loi, ou enfin des conventions entre les propriétaires.

Jusqu'ici le législateur ne considère les biens qu'en eux-mêmes, comme une propriété acquise ; c'est dans le troisième livre qu'on trouve classées les différentes manières d'acquérir la propriété et de la transmettre, d'où résultent les actions et les droits privés qui peuvent appartenir à chacun sur les biens, et les rapports presqu'infinis entre l'homme et la propriété, et qui sont la conséquence nécessaire des deux premiers livres, puisqu'on ne saurait concevoir les actions, sans la notion préalable des personnes qui peuvent les exercer et des biens sur lesquels elles peuvent et doivent être dirigées.

D'abord, une règle générale nous prévient que toute manière d'acquérir et de transmettre la propriété se réduit à trois moyens, dont les deux premiers sont gratuits, savoir la succession légitime, autrement dite *ab intestat*, et les donations, soit par acte entre vifs, soit par acte de dernière volonté : le troisième titre a pour objet les obligations conventionnelles, et les différentes manières dont elles reçoivent lenr exécution, ou s'éteignent.

Des dispositions générales nous indiquent au préalable quelques autres moyens que nous tenons du droit naturel pour acquérir la pricté, sans le besoin de la transmission, tels que l'accession, l'occupation la chasse, la pêche et la longue possession, d'où résulte la prescription. Ensuite les contrats et les conventions de toute sorte font l'objet de vingt titres distincts, qui composent la totalité de ce livre troisième le plus étendu pár l'abondance des matières.

A ce propos il est bon de remarquer qu'avant l'établissement des sociétés civiles, la propriété était plutôt un fait, qu'un droit; car la propriété particulière et privée ne pouvait avoir d'autre origine que l'occupation; elle ne durait qu'autant que la possession durait aussi, et d'ailleurs après l'avoir acquise et conservée, on pouvait en être dépouillé par la force; au surplus l'homme qui cessait d'exister, n'avait aucun droit de commander après son décès, ni de transmettre ce qu'il avait possédé par le seul fait de l'oecupation.

La société civile est donc la seule et véritable source de la propriété privée; c'est elle qui garantit à chaque individu ce qu'il possède à juste titre, et cette garantie est même le but principal de la société: cette propriété d'ailleurs est un des premiers élémens de l'existence de la société civile, de sa conservation et de sa prospérité: la transmission des biens par succession n'est donc pas du droit naturel, mais du droit civil, aussi n'y a-t-il point de nations civilisées, où l'ordre des successions ne soit l'ouvrage des lois positives.

Le droit de transmission une fois établi par la loi, non seulement par le moyen des obligations entre les personnes vivantes, mais encore par celui des successions dont l'effet est de faire passer les biens, les droits, les dettes et les charges des personnes qui meurent, à d'autres personnes qui entrent à leur place; il fallait aussi distinguer le cas où le défunt n'avait pas exprimé sa volonté à l'égard de son successeur, des cas où le successeur eût été désigné par un acte détérminé et légitime: de-là la distinction entre les successions légitimes qui ne sont réglées que par la disposition de la loi, et les autres successions déférées par la volonté de l'homme par des actes de donation entre vifs, ou par testament.

Les règles concernant les successions légitimes ont formé l'objet du titre premier, composé de six chapitres. Dans les trois premiers sont tracées les dispositiuns qui ont rapport à l'ouverture des successions, aux qnalités réquises pour succéder et aux différens ordres de personnes appelées à la succession régulière, dont le premier est celui des descendans; viennent ensuite le père et la mère, en concurrence des frères et soeurs; après eux, les frères et soeurs seuls; ensuite les autres ascendans des deux lignes paternelle et maternelle; et enfin les collatéraux jusqu'au deuxième degré, selon la proximité dans chacune des lignes; de façon néanmoins qu'à défaut de parens successibles dans une ligne, les parens de l'autre ligne succèdent pour le tout.

Mais comme il peut aussi arriver que dans les ordres sus-énoncés il n'existe personne capable de succéder au défunt, et que celui-ci n'ait pas même disposé de ses biens, tandis que des devoirs et des affections de second ordre pouvaient encore donner une forte présomption de préférence à toute succession étrangère, les législateurs se sont encore occupés, dans le chapitre IV, d'une autre espèce de succession, qu'ils ont appélée irrégulière. Dans cette classe on a rangé, 1.° les droits des enfans naturels sur les biens de leur père et mère, et de ceux-ci sur les biens des enfans naturels; 2.° les droits du conjoint survivant; 3.° le droit de l'état sur les successions vacantes.

Le chapitre V, divisé en quatre sections, contient les règles et formalités à suivre pour l'acceptation ou répudiation des successions, soit simplement, soit avec bénéfice d'inventaire et pour le cas de vacance absolue.

Enfin le chapitre VI a pour objet les règles et formalités pour venir au partage des successions entre les cohéritiers, et l'obligation de rapporter ce que l'héritier a reçu du défunt dans les cas prévus par la loi, le payement des dettes et tous les effets du partage : ce qui forme l'objet de cinq sections.

Le titre II, divisé en neuf chapitres, renferme toutes les dispositions relatives aux donations entre vifs et aux testamens ; car les unes et les autres ne sont que des libéralités exercées par des actes différens dont la qualité se fait sentir par cela que, par la donation entre vifs le donateur se dépouille actuellement et irrévocablement de la chose donnée ; tandis que par le testament il ne dispose que pour le tems où il n'existera plus, avec faculté de révoquer en tout tems sa disposition.

Après les dispositions générales communes aux donations et aux testamens, il était conséquent de poser les règles sur la capacité tant de disposer que de recevoir, comm'aussi sur la fixation de la quotité disponible, lorsque les affections les plus chères et les liens les plus étroits de la nature entre les ascendans et les déscendans, exigent qu'une portion leur soit réservée.

Les formalités dont la loi a environné les actes de libéralité, soit entre vifs, soit par testament, sont réglées dans les chapitres IV et V, où le législateur est entré dans les plus grands détails, soit par rapport aux différentes formes extrinsèques des actes, soit par rapport à leur contenu, et notamment sur la nature et qualité des différentes dispositions connues sous le nom d'institution d'héritier et des legs, soit à titre universel, soit à titre particulier, sur les dispositions portant nomination d'exécuteur testamentaire, sur la révocation des testamens et leur caducité.

Les dispositions particulières en faveur des petits enfans ou neveux, celles par contrat de mariage, soit en faveur des enfans, soit en faveur des époux, étant une espèce d'exception aux règles générales, ont formé l'objet des titres VI, VII, VIII et IX : la diversité des positions où l'homme se trouve, et la diversité des rapports qui existent entre les personnes que l'on vient d'énoncer, ont mérité un degré de faveur du législateur; et la loi en ce cas s'est montrée plus facile et plus indulgente.

Le système des successions légitimes et testamentaires une fois réglé, le législateur n'avait plus qu'à s'occuper des autres manières d'acquérir la propriété, lesquelles dépendent de la simple volonté de l'homme par suite des contrats et des obligations conventionnelles, source inépuisable de questions aussi infinies et variées que le sont les désirs et les rapports de l'homme.

Il fallait d'abord déterminer les principes fondamentaux et communs à toutes les conventions, ce que le code présente dans les dispositions préliminaires du chapitre I du titre III, où sont distingués les différens contrats, synallagmatique ou bilatéral, unilatéral, commutatif, à titre onéreux, aléatoire et de bienfaisance; et dans les dispositions des chapitres II et III, contenant les conditions essentielles pour la validité des conventions, savoir, le consentement, la capacité des parties contractantes, la matière et la cause des obligations, et enfin leurs effets.

Les chapitres IV et V expliquent les diverses espèces d'obligations conditionnelles, à terme, alternatives, solidaires, divisibles, indivisibles et pénales, et ensuite les différentes manières par lesquelles les obligations s'éteignent, soit par le payement, soit par la novation, la remise volontaire, la compensation, la confusion, la perte de la chose dûe, la nullité ou la rescission, ou enfin par la prescription.

Un chapitre particulier, savoir le VI, est consacré aux dispositions concernant la preuve des obligations et celle du payement; là on a déterminé les cas, où la loi n'admet que la preuve littérale, tantôt par acte authentique seulement, tantôt par acte sous seing-privé, la force des autres preuves par des copies des titres, par des actes récognitifs, et même par la preuve testimoniale pour les cas précisément déterminés; enfin la force des présomptions, des aveux et du serment.

Après cela, comme il est des cas où l'homme s'engage sans le concours de sa volonté et par le seul effet de la loi, on a, dans le titre IV, indiqué les événemens qui peuvent donner lieu à ces sortes d'engagemens, appelés quasi contrats, délits, ou quasi-délits.

Toutes les dispositions dont nous venons de faire le détail, s'accommodent en général à toutes les espèces de contrats et d'obligations, soit qu'ils aient une dénomination propre, soit qu'ils n'en aient pas, ainsi qu'il est dit expressément à l'article 1107 : il fallait donc poser aussi des règles particulières pour les contrats de mariage, de vente, d'échange, de louage, de société, de prêt, de dépôt et de séquestre, pour les contrats aléatoires, le mandat, les transactions ; il fallait aussi donner des règles sur un objet bien important, qui a pour but d'assurer de plus en plus l'accomplissement et l'exécution des obligations de toute sorte, soit au moyen de l'obligation personnelle d'un tiers qui a lieu par le cautionnement, soit au moyen de la tradition d'un gage mobilier, dont le créancier est nanti, d'où vient le mot *nantissement*, soit enfin au moyen des privilèges et des hypothèques. Tous ces contrats forment l'objet d'autant de titres séparés, insérés dans le livre III, savoir les titres V et suivans jusqu'au XVIII.

Il pourrait paraître que plusieurs des titres du code, dont la matière est classée parmi les moyens d'acquérir la propriété, présentent plutôt des moyens de la conserver par la stricte exécution des contrats ; mais les législateurs ont considéré que bien que cela soit vrai en plusieurs cas, il n'est pas pourtant moins vrai aussi que, dans plusieurs autres cas, les lois, et notamment les pénales et coërcitives de la mauvaise foi, présentent au fond une manière indirecte d'acquérir ou de transmettre la propriété ; telles sont entr'autres les lois sur la contrainte par corps, sur le nantissement, sur les privilèges et hypothèques, et enfin sur l'expropriation forcée, dont les formalités sont établies au titre XIX, en vertu desquelles tout débiteur est astreint à abandonner ses biens pour la satisfaction de ses dettes, tout comme le détenteur de biens hypothéqués ou affectés de privilège, les doit abandonner au créancier qui, en se conformant aux lois, a conservé ses droits réels.

Pour ce qui est de la prescription, elle devait nécessairement servir de clôture au code par la singularité de sa matière, et les rapports qu'elle peut avoir à conserver et consolider, par le seul effet du laps du tems, la propriété incertaine dans son origine, et à éteindre toute obligation que la loi présume abandonnée, par cela seul que le créancier a négligé d'exercer ses droits dans les tems par elle déterminés.

Ainsi tout se lie dans le code civil, tout y est en harmonie ; chaque idée y découle d'une autre idée ; et l'ensemble présente une chaîne de principes et de conséquences, tous dépendans les uns des autres, dans l'ordre naturel des choses, et dans les rapports que celles-ci ont entr'elles.

Il était réservé à la nation la plus puissante à-la-fois et la plus instruite de l'univers, de rassembler en corps de doctrine les principes de jurisprudence conservés dans les anciens codes, avec un nombre de vérités éparses, oubliées ou presque perdues, de les modifier, les adapter au nouvel ordre de choses, et au degré élevé de civilisation où elle est parvenue, en composant un nouveau code, dont l'empire est déjà plus étendu que toute autre législation du monde connu. Ce genre de gloire n'appartenait qu'à elle seule.

Vu, et permis d'imprimer à l'usage des élèves de la faculté de droit de l'Académie de Turin.

Le Recteur P. BALBE,

Inspecteur général de l'Université Impériale.

www.ingramcontent.com/pod-product-compliance
Ingram Content Group UK Ltd.
Pitfield, Milton Keynes, MK11 3LW, UK
UKHW021119260726
13994UKWH00002B/943